El libro del networking

Prácticos
Empresa y Talento

Biografía

Cipri Quintas (1966) es empresario desde los veinte años. Actualmente es socio del Grupo Silk, dedicado a la restauración, y de la empresa de marketing digital Valor de Ley. También es *business angel* en proyectos de nuevas tecnologías y asesor de varias compañías. Promueve iniciativas sociales como «Ayudar es divertido», que colabora con numerosas ONG y fundaciones. Ha recibido diversos premios y reconocimientos por su labor solidaria y social. Pero por encima de todo es amigo de sus amigos.

cipriquintas.com
@cipriquintas

Cipri Quintas

El libro del networking

Las 15 claves para relacionarte socialmente con éxito

alienta
EDITORIAL

Alienta, un sello editorial de Centro Libros PAPF, S. L. U.
Avda. Diagonal, 662-664, 08034 Barcelona (España)
www.alientaeditorial.com
www.planetadelibros.com

Adaptación de la cubierta: Booket / Área Editorial Grupo Planeta a partir de la idea original de microbiogentleman.com
Primera edición en Colección Booket: octubre de 2024

Depósito legal: B. 14.327-2024
ISBN: 978-84-1344-361-4
Impresión y encuadernación: QP Print
Printed in Spain - Impreso en España

SUMARIO

PRÓLOGO DE DAVID BISBAL

Cuando entré en la academia de Operación Triunfo a finales de 2001, nunca habría imaginado el salto cualitativo que iba a dar mi vida.

Pasé de ser alguien desconocido a una persona habitual de los medios, con las ventajas y los inconvenientes que la fama conlleva.

Pero dieciséis años después sigo siendo aquel chaval enamorado de Almería, de sus raíces y con los valores que me inculcaron mis padres.

Aquel día que entré en la academia cambió todo y no cambió nada.

Cambió todo porque nunca soñé una carrera artística como la que he tenido y no cambió nada porque desde el primer momento sabía que tenía que estar rodeado de mi gente.

Cuando estás ahí arriba siempre te asaltan las dudas razonables sobre tu siguiente trabajo, ¿y si el disco no funciona? ¿Y si el público deja de quererme?

Yo creo que recuperarse de un fracaso es fácil, lo difícil es recuperarse de un éxito. Y en cierto modo, cuando caes, aunque sea un poco, ves realmente quién está a tu lado y subes con más fuerza.

Cuando el éxito llama a tu puerta todo el mundo te regala los oídos diciéndote lo bueno que eres, te invitan en los restaurantes y te salen amigos por todas partes.

Y no nos engañemos, ésa es la parte de la fama que a todo el mundo le gusta, todos tenemos un lado vanidoso. Lo malo es que muy poca gente te dice lo que realmente piensa de ti, tus puntos débiles, tus áreas de mejora y sobre todo, nadie se atreve a decirte si te estás portando como un cretino o ya no eres el chaval que eras antes. Y es precisamente ahí donde aparecen tus verdaderos amigos y tu familia, para devolverte a la realidad.

El verdadero éxito consiste en estar rodeado de la gente que te quiere, y si en tu ascenso no has conservado a los amigos difícilmente los encontrarás cuando caigas.

Los amigos están ahí, en los momentos buenos y en los malos. Pero si en tu camino no te preocupas de cultivar tus amistades, difícilmente podrás recurrir a ellas cuando las necesitas.

Soy un apasionado del mar y me gusta pensar en los amigos como el ancla que te permite fondear con total seguridad. Cuando te embarcas en el viaje de la vida, a veces el viento sopla a tu favor, a veces en contra, sorteas olas y tempestades pero siempre tienes que tener claro cuál es tu destino y no dejarte llevar por los cantos de sirena que te encuentras en tu singladura y es ahí donde aparecen los amigos en forma de ancla, para aferrarte a la realidad.

Hace ya unos añitos apareció en mi camino Cipri. No oculto que al principio me pareció un ser extraño, no quería nada de mí, me trataba como si no fuera famoso, es decir, como una persona normal, y eso hizo que se ganase mi respeto al instante.

Cipri es un ancla, un amigo que te pone en tu sitio y te aferra a la realidad. Alguien que no busca nada y que te lo da todo. Así tendrían que ser los amigos.

Cipri es un auténtico experto en hacer amigos, porque se esfuerza cada día en fortalecer relaciones duraderas, nunca pide nada y se preocupa hasta la extenuación en echarte una mano en todo lo que necesites. Como diría José Mota, es un cansino del ayudismo.

La ley de reciprocidad dice que cuando alguien te da algo te sientes obligado a devolverlo. Cipri me ha dado tanto que es para mí un auténtico placer poner un granito de arena en este libro.

Me atrevería a decir que este libro abre un nuevo género literario, en lugar de la autoayuda, es un libro de otroayuda, porque Cipri plantea la amistad como un acto de generosidad y de bondad hacia los demás. ¿No debería ser eso la amistad?

Si todos pensásemos así el mundo sería un poquito mejor, y en este mundo que vivimos donde cada uno va a lo suyo, merece la pena replantearse cambiar el paradigma.

Éste es un libro que te va a ayudar a replantearte tus relaciones con los demás y cuestionarte si realmente somos buenos amigos de nuestros amigos. Si les damos tanto como ellos nos dan.

Cuando leas este libro tendrás todas las claves de un

auténtico maestro del *networking*, un experto que predica con el ejemplo y que se desnuda en este manual para darte todos los trucos que ha ido recopilando durante toda su vida.

No te tomes los consejos a la ligera, funcionan, porque no son mera teoría, sino fruto de años de ensayo y error. Aprovéchate de ello y disfruta, amigo.

@davidbisbal

PRÓLOGO DE SUSANNA GRISO

Conocí a Cipri en mi etapa profesional más ociosa. Menos mal, porque tratar a Cipri requiere una importante inversión en tiempo. No es hombre parco en palabras.

Veréis. Cuando fiché por Antena 3, en 1998, me instalé en Madrid para presentar junto a Matías Prats *Noticias 1*.

Fue un cambio radical para mí, que venía de una vida estresadísima en Barcelona. Allí compaginé la carrera de periodismo y el trabajo en la radio. Y más tarde un programa de entrevistas en televisión con la sección de economía. Pasaba de comentar los números rojos en el parqué a bailar un tango con el ministro de Economía en el plató. Un no parar, oiga.

En Madrid, y junto a mi queridísimo Matías Prats, el ritmo era otro. Después de su chistecito final, me iba a casa, que estaba aproximadamente tan vacía como mi agenda.

Apenas conocía a nadie en la capital y eso me llevó a frecuentar compulsivamente el gimnasio. Allí, matándome a abdominales, conocí a un tipo calvo que parecía tener tanto tiempo como yo. O más.

Cipri nunca parece tener prisa. Cuando habla, lo hace mirándote a los ojos. Te presta tanta atención que tienes la sensación de que lleva todo el día allí, esperándote, agazapado tras la máquina de pesas. Y al final, tras preguntarte en qué puede serte de utilidad, te abraza y te dice cuánto te quiere.

Lo primero que pensé es que en Madrid la gente era extremadamente cariñosa. Luego ya vi que había de todo, y que no todos te quieren tanto.

Lo confieso: al principio, Cipri me tenía descolocada. Los que salimos en la tele somos desconfiados. Pensamos que tras una aproximación espontánea casi siempre hay una intencionalidad más o menos oculta.

Nos cuesta creer que alguien quiera hablar con nosotros por el simple placer de hablar sin buscar un beneficio personal inmediato.

Por eso, a Cipri lo tuve en cuarentena algún tiempo. Lo estudié con lupa, como un entomólogo mirando un bicho. Un bicho raro.

Pero Cipri nunca me defraudó. Es más, nunca me pidió un favor (salvo este prólogo, que le gusta porque dice que hablo mucho de él y poco de mí). Entonces me rendí y pasé a formar parte del «universo Cipri».

Yo lo considero un vanguardista, porque cuando no existía ni Facebook ni Twitter, él ya era una red social con patas. Pertenece a una especie rarísima que cree en la bondad humana y siempre transmite buen rollo. Tiene un radar para la buena gente y huye de las personas tóxicas. En eso nos parecemos porque en mi profesión, como en todas, hay suficientes elementos para montar un cementerio nuclear. Y con los años he aprendido a relacionarme con los buenos. Los demás los dejo para los platós de televisión, las redes sociales y los medios digitales.

En el «universo Cipri» nunca sabes quién va a aparecer porque mi buen amigo disfruta conectando a personas muy distintas: periodistas con emprendedores, músicos con abogados, humoristas con políticos... Una de sus frases favoritas es: «Tienes que conocer a menganito. Te va a caer genial. Hazme caso». Y así es, porque Cipri no suele equivocarse.

Por eso os recomiendo la lectura de este libro. Porque el tiempo invertido en Cipri siempre es productivo. Lo digo por experiencia propia.

@susannagriso

PRÓLOGO DE JOSÉ MOTA

Las buenas acciones no cotizan en bolsa pero a la larga son las más rentables, las que importan, y Cipri lo sabe como magnífico bróker de los afectos que es. No en vano su agencia personal de valores reales gestiona la cartera afectiva de muchas almas. Cartera donde todos guardamos un ahora sin usar, un billete de vuelta pero no de ida, un a lo mejor y un quizás.

Y un buen día, perdido yo en la plaza mayor de mis recuerdos, este carterista canalla de guante blanco, cordero disfrazado de lobo, robó mi cartera y con ella mi amistad, admiración y gratitud para siempre. Puso ahoras donde había luegos, principios donde sólo había finales y subrayó en mí para siempre la palabra «abrazo».

Me interesa alguien que cree que todos los tipos son de interés fijo o variable, pero de interés. Y más cuando el Banco Central en este momento no da un duro por valores como la amistad, la sinceridad, la generosidad o dar sin esperar nada a cambio. Y más aún si tenemos en cuenta que vivimos momentos en los que lo digital sustituye casi por completo a lo analógico, donde la cantidad prima sobre la calidad, el continente sobre el contenido y las moscas sobre la bombilla.

De repente, aparecen Cipri y su libro dispuestos a hablar sin miedo de lo pequeño, de valores que parecen no figurar en el IBEX 35 de lo importante, de lo realmente importante.

No hay nada más seductor bajo mi punto de vista que conocer gente y nada más estimulante para el ser humano que lo humano, y a este equilibrista de las relaciones entre personas llamado Cipri, no cabe duda de que se le da francamente bien moverse en la delgada línea roja de los afectos.

Toda una vida dedicada a acercar gente, sin duda deja huella y de ahí este libro. Sus vivencias y experiencias nos recuerdan lo importante que es, no solamente para el crecimiento personal sino también profesional, el uso adecuado de las herramientas más importantes que tenemos como personas. A veces, plasmadas en algo tan sencillo como la generosidad y el abrazo.

Es posible que términos así en estos momentos estén *demodés*, y que efectivamente, no figuren en el IBEX 35 del escaparate público, pero las buenas acciones, las de verdad, no cotizan en bolsa.

@JoseMotatv

PRÓLOGO DE ELSA PUNSET

> «No somos islas. Las redes que sustentan nuestro mundo están densamente tejidas. Cada célula, cada partícula, cada emoción y cada idea que nos sostienen gravitan, de forma visible o soterrada, hacia el resto del mundo. Si eres químico, astrónomo o neurocientífico, lo llamarás gravedad, vínculo molecular, enlace de hidrógeno o conectividad sináptica... Si eres humano y has aprendido a poner nombre a tus emociones, a esa necesidad urgente de conectarte con los demás la llamas amor o desamor, en cualquiera de sus expresiones: deseo, desprecio, afecto, compañerismo, envidia, complicidad, odio, desconfianza, admiración, amistad, simpatía ternura...»[1]

Si eres Cipri Quintas, inventarás una palabra especial para describir la importancia de las relaciones humanas. ¡Porque tú puedes! Lo llamarás, tal vez, *cofandín* —en vez de *crowdfunding*— y nos dará igual como él describa estas redes humanas, porque sabemos que entiende como casi nadie esta verdad esencial: que los humanos nos necesitamos los unos a los otros, por encima de todo. Casi tanto como el aire que respiramos.

Pero entender esto —que nos necesitamos los unos a los otros— no es suficiente. Claro que tenemos multi-

1. Extraído de *El mundo en tus manos*, Destino.

tud de estudios y pruebas fehacientes del impacto superlativo de las relaciones humanas en nuestra salud física y mental. Sin ir más lejos, el estudio más largo del mundo sobre felicidad —el llamado estudio de Harvard, que lleva más de siete décadas recopilando datos con centenares de personas— muestra, sin lugar a dudas, que el indicador más importante para predecir cómo envejeceremos a lo largo de la vida no es el colesterol ni nada que se le parezca, sino la calidad de las relaciones humanas que nos rodean. ¿Son buenas? ¿Son malas? Esa calidad de relaciones humanas puede predecir no sólo tu nivel de felicidad, sino también tu longevidad, tu memoria y tu salud física. A buenas relaciones, mejores probabilidades de envecejer bien. A malas relaciones, menos memoria, menos salud, menos felicidad... menos vida.

En resumen: las buenas relaciones humanas no son sólo agradables, algo buenista, un lujo biológico y social... No, las buenas relaciones humanas implican que te cuidas mejor, que tienes más ganas de vivir, que tienes quien te echa una mano cuando lo necesitas, que tomas mejores decisiones día a día... La red social que te rodea es la que teje tu sistema de apoyo físico, mental y emocional. Las relaciones sociales, para una especie frágil que necesita del grupo para sobrevivir, lo son todo. Todo.

Eso es fácil entenderlo. Lo que resulta más complicado para muchos de nosotros es saber *cómo podemos* lograr estas buenas relaciones humanas. ¿Cómo convivir con el resto del mundo de la mejor manera posible, sin dejarnos las plumas y la piel en esas peleas y dudas, en las decepciones y pérdidas que tanto nos dañan? Afortunadamente, la inteligencia social se compone de habilidades sociales específicas —rituales y estrategias concretas y eficientes que sirven para pedir ayuda, para escuchar, para convivir, pactar y cuidar de los demás—. Y estas habilidades específicas son las que nos ayudan a navegar en el mar de emociones mezcladas, intensas, soterradas, misteriosas y generalmente explosivas, que conforman la psique humana. La de todos, y también la tuya, querido lector.

Y para ello, el libro que tienes en tus manos puede serte de mucha ayuda. Porque las habilidades sociales, tan fundamentales, pueden aprenderse, practicarse y fortalecerse como un músculo. Su autor tiene un talento fuera de lo común para facilitar y potenciar estas relaciones humanas, y ha decidido regalarlo aquí a manos llenas. Ha sistematizado y explicado con pelos y señales estas habilidades sociales que a él le salen tan fáciles, tan naturales.

Será una delicia descubrirlas y practicarlas a su lado.

@elsapunset

PRÓLOGO DE MIGUEL ÁNGEL REVILLA

Hace cinco siglos, un filósofo griego dejó escrito: «El hombre es la medida de todas las cosas». Verdad absoluta. En los últimos cincuenta años hemos visto avances que siglos atrás se hubieran considerado hechos divinos o brujería. Y si antes no nos cargamos el planeta con la contaminación de la atmósfera, en los próximos cincuenta años veremos, o mejor dicho verán, cosas inimaginables: taxis aéreos, misiones humanas en Marte, una longevidad media de cien años, robots haciendo recados...

Pero por encima de las máquinas y las nuevas tecnologías, habrá algo que permanecerá inalterable, la persona como eje de todo.

Hace ya tres años que mi «hijo adoptivo», Jesús Cintora, me llevó a comer a un restaurante llamado Silk en Alcobendas. A los postres vino a saludarnos uno de los propietarios, que se presentó como Cipri (Cipriano

Quintas). Aquel día y tras tres horas de tertulia descubrí a una persona única, con una mirada y una sonrisa que transmiten credibilidad. Un ser optimista y solidario que me enganchó, y cuidado que he conocido a gente en esta vida. Desde aquel momento ya no tengo sólo un «hijo adoptivo», tengo también un «hermano adoptivo».

En este libro, Cipri nos introduce en técnicas encaminadas a conseguir un mundo más humanizado y fraternal, y sobre todo a hacer amigos. Me parece un relato interesantísimo y comparto casi todo lo que Cipri expone.

Pero a veces le advierto de su excesiva tendencia a creer que todo el mundo es bueno y a presumir de infinidad de «íntimos» amigos. Yo distingo entre amigos o conocidos e íntimos amigos. Por mi exposición pública, soy una persona con muchos amigos, pero íntimos ya es otra cosa. Me parece imposible tener muchos que cumplan ese requisito, porque entiendo que ser íntimo implica un contacto casi diario.

Un amigo íntimo es la persona que te cuenta sus cosas y a la que tú le cuentas las tuyas. Alguien de quien sabes alegrías y penas, lo cual exige casi una dedicación exclusiva. Y yo confieso que de esos no tengo más de una docena. Uno de ellos se llama Cipriano Quintas... Cipri.

@revillamiguela

INTRODUCCIÓN

Todos necesitamos tener amigos, compañeros y colegas con los que divertirnos, aprender, hacer negocios y, en general, compartir la vida. Pero a veces no conseguimos tenerlos, o no en la medida que nos gustaría, y sentimos que nos falta algo. Entonces nos preguntamos: ¿estaré haciendo algo mal?

Todo el mundo da por hecho que tenemos que saber relacionarnos, pero nadie nos enseña a hacerlo, ni en la escuela ni después en la vida adulta. Así, cuando queremos tejer una red de contactos profesionales o personales, a menudo nos sentimos torpes e inseguros. Nos falta eso que llaman «inteligencia relacional».

Por suerte, **la inteligencia relacional se puede cultivar**. De hecho, te aconsejo encarecidamente que lo hagas, porque es uno de los talentos más necesarios para triunfar en el mundo actual. La vida no te irá mejor si tienes un cociente intelectual de 150 ni si has hecho tres másteres. Te irá mejor si sabes relacionarte bien con los demás.

Tener unas relaciones satisfactorias con los demás, a nivel profesional y personal, no sólo te ayudará a vivir mejor, sino también a tener menos enfermedades y vivir más años. No lo digo yo, sino un conocido estudio de la Universidad de Harvard coordinado por el doctor Robert Waldinger. No te explicaré aquí los detalles, primero porque sería farragoso y segundo porque puedes encontrarlos fácilmente en internet (por ejemplo, buscando Robert Waldinger en YouTube), pero te adelantaré la conclusión principal: las personas que tienen más vínculos sociales (con la familia, los amigos, los compañeros del trabajo y la comunidad en general) son más felices, gozan de mejor salud y viven más años que las que tienen pocos vínculos o vínculos de mala calidad. ¡Científicamente demostrado! Así que aprender a relacionarte bien con los demás te servirá más que cualquier otra habilidad o talento para tener una buena vida, más incluso que saber idiomas (aunque si sabes relacionarte bien y además hablas varios idiomas, mucho mejor).

Este libro habla justamente de cómo relacionarnos mejor aprovechando todos los recursos a nuestro alcance. Porque relacionarnos mejor nos hace crecer y mejorar como personas en todos los ámbitos. Y hace que mejore nuestro entorno. De hecho, estoy totalmente convencido de que ésta es la habilidad más necesaria no sólo para tener éxito en el mundo profesional, sino para nuestro futuro como especie.

Llevo treinta años como empresario del sector del ocio y en ese tiempo me he relacionado (y sigo haciéndolo) con personas de todas las edades, de todas las profesiones, de todas las creencias religiosas y de todos los niveles sociales y culturales. Y me he dado cuenta de que muchas, con independencia de su cargo, sus ingresos o su nivel cultural, tienen dificultades para relacionarse con naturalidad, ya sea por miedo, por inseguridad o sencillamente por falta de habilidad. Para mí, después de haberlo trabajado durante mucho tiempo, se ha convertido en algo espontáneo, pero sé que a muchas personas les supone un esfuerzo (¡incluso un sacrificio!). No sé si será tu caso. Tal vez en alguna medida sí, lo cual justificaría que te haya llamado la atención el libro. O tal vez sencillamente quieras mejorar en ese aspecto. De cualquier forma, te adelanto que en los siguientes capítulos voy a explicar una serie de pautas, algunas concretas y otras más generales, para que te relaciones mejor con los demás. Mi deseo es que después de leer el libro te resulte más fácil ir a una reunión profesional, una conferencia, un congreso, una mesa redonda, una fiesta, una cena o cualquier otro tipo de evento y salir de allí con media docena (¡o más!) de nuevos contactos en tu agenda. E incluso con algún nuevo amigo o amiga.

Así, poco a poco irás tejiendo tu propia red, una red de puntos bien conectados entre sí que formarán una galaxia brillante por explorar. No sólo harás nuevos contactos profesionales, sino también nuevos amigos, nuevos compañeros de viaje y de vida. Y, lo más importante, ¡te abrirás a un mundo de infinitas posibilidades! ¡Te lo garantizo!

RELACIONES 3.0: EL NETWORKING CON CORAZÓN

En 1936 se publicó un libro mítico, *Cómo ganar amigos e influir sobre las personas*, de Dale Carnegie. Desde entonces se han vendido millones de ejemplares en todo el mundo, y hoy día se siguen vendiendo como rosquillas (o, para ser más actuales, como *smartphones*). Eso demuestra que para cualquier persona, de cualquier país y cultura, es muy importante hacer amigos, tejer una red propia y saber relacionarse bien con los demás.

Aunque el libro de Carnegie sigue teniendo vigencia, en los últimos años han aterrizado en nuestras vidas las tecnologías: el móvil, internet, el correo electrónico, la mensajería instantánea, las redes sociales, la geolocalización, etc. Todo esto ha cambiado de arriba abajo la forma de comunicarnos y, en general, de relacionarnos. Así que tenemos que ponernos al día. Se podría decir que el libro de Carnegie representa las relaciones 1.0, mientras que las tecnologías de la comunicación son las relaciones 2.0. El mundo analógico frente al mundo digital. Sin embargo, uno y otro son complementarios.

Por eso, lo que te propongo es juntarlos y tomar lo mejor de cada uno. O sea, sumar para crear... ¡las relaciones sociales 3.0!

Sin móvil, whatsapp, correo electrónico, redes sociales, etc., no se puede entender hoy día el *networking* ni las relaciones sociales en general, pero sigue siendo importantísimo el contacto físico (la mirada, los abrazos y la presencia en general) para comunicarnos bien, para entendernos y para construir cosas juntos. No hay que renunciar a ningún medio ni a ninguna posibilidad, sino sumar. Creo que ésta es la mejor forma de relacionarse socialmente con éxito en el siglo XXI.

Este nuevo paradigma de las relaciones, del *networking* en un sentido amplio, se basa en el corazón, no en la manipulación. Porque estamos en una etapa de la humanidad en la que no se entienden los negocios sin emociones, en la que tenemos que incorporar los sentimientos a nuestro día a día. Y porque detrás de cualquier relación de negocios, de cualquier actividad y de cualquier situación, siempre hay personas. Y lo importante somos las personas.

POR QUÉ TE INTERESA ESTE LIBRO

Este libro, dicho en pocas palabras, te servirá para ampliar tu red de amigos y conocidos. Y lo harás de una manera nueva, lejos del frío planteamiento de marketing con que hasta ahora se enfocaba el *networking*. ¿Con qué objetivo? Pues con el de enriquecerte en todos los sentidos, no sólo el económico, sino el emocional y el social. Sin duda, te abrirá a nuevas oportunidades: un nuevo empleo o un nuevo negocio, pero también un nuevo aprendizaje, un viaje interesante, nuevos amigos o, por qué no, una nueva pareja. No es un libro específico para encontrar trabajo o hacer negocios, pero te servirá para ambas cosas. ¡Y para muchas otras!

Como todos los libros prácticos, y éste pretende serlo, en algún punto puede parecerte obvio lo que te explico. Tal vez ya te relacionas muy bien con las personas de tu entorno y tan sólo necesitas algunos pequeños consejos, o simplemente que te refresque cosas que ya sabes pero que has dejado de practicar. Como no puedo saber de qué punto parte cada lector, tengo que explicar pautas o claves que tal vez ya dominas. Si ése el caso, salta al siguiente capítulo sin ningún tipo de remordimiento.

Por el contrario, si eres de esas personas a las que les resulta difícil entablar una conversación con un desconocido o le avergüenza mostrarse a los demás, ábrete y lee con atención todos los capítulos. Y no tengas ningún pudor en aceptar cómo eres, pues ése es el primer paso para vencer tus resistencias. Aquí estamos solos tú y yo. Puedes quitarte la máscara. **No te voy a pedir que dejes de ser tú, sino que practiques para llegar a ser «tu mejor tú».** Todos tenemos un tesoro que entregar al mundo, y sólo podemos hacerlo si nos abrimos a los demás y lo compartimos.

También debo aclararte que te hablo a partir de mi experiencia, de lo que hago cada día desde hace treinta años y de lo que he comprobado que funciona. No te recomendaré nada que no haya puesto en práctica con éxito. A partir de ahí, toma lo que te sirva. Mi papel no es aleccionarte, sino animarte a que salgas de tu zona de confort y hagas algo diferente a lo que has hecho hasta ahora para relacionarte mejor con los demás.

CIPRI QUINTAS, ENCANTADO

Llegados a este punto, quizás te estés preguntando: «¿Y quién es este hombre para hablarme de cómo mejorar mis relaciones sociales?». Te explicaré en pocas palabras quién soy. Por supuesto, también puedes conectarte a internet y buscarme (de hecho, te animo a que lo hagas), pues hoy día es muy fácil rastrear a las personas.

Desde muy joven he dirigido locales de ocio y he organizado actividades de cara al público. Llevo más de media vida dedicándome a las relaciones humanas y formándome desde la práctica, desde la observación diaria. En este tiempo he conocido y puesto en contacto a miles de personas de todos los ámbitos imaginables, desde políticos a deportistas, desde empresarios a actores, desde electricistas a ingenieros nucleares. Lo hago no sólo porque forma parte de mi profesión, sino también porque me nutre y me enriquece. Me encanta estar rodeado de gente y hacer que «pasen cosas» entre ellos. Es probablemente lo que más me llena. Hace que me sienta vivo y útil. Le da sentido a mi vida.

Como estudiante fui bastante desastroso y acabé aprobando por simpatía, es decir, porque caía bien a los profesores y les daba apuro suspenderme.

También, todo hay que decirlo, porque me hice amigo del director y monté con él una empresa de agendas (¡tiene gracia, porque era muy desorganizado!). No fui a la universidad, pero lo compensé con mi espíritu emprendedor y cierta capacidad de llegar al corazón de las personas. Eso me ayudó a tener, con poco más de veinte años, mis primeros locales de ocio. Desde entonces he puesto en marcha más de una veintena de negocios de restauración, una productora de televisión, una constructora, una agencia de publicidad, etc. Actualmente soy socio de una empresa de restauración, Grupo Silk (gruposilk.com), y fundador y socio de otra de marketing digital, Valor de Ley (valordeley.es), así como asesor de varias compañías y *business angel.*

Te explico todo esto para presentarme y mostrarte que en mi trayectoria personal y profesional las relaciones sociales han ocupado (y siguen ocupando) un lugar central. A partir de ahí, mi predisposición natural a relacionarme con los demás me ha llevado a analizar las claves del éxito en las relaciones humanas y a ponerlas en práctica. Si al final me he convertido en una persona a la que se le dan bien las relaciones es porque me he orientado hacia ese terreno. A base de ensayo y error, como puedes hacer tú también, he ido mejorando. Y sigo haciéndolo cada día.

Y como no quiero ponerme pesado, si quieres saber más de mí te invito a que visites mis perfiles de Facebook, LinkedIn, Instagram y Twitter (@cipriquintas).

LA EMPATÍA, EL ELIXIR DE LA FELICIDAD

Como irás viendo, **este libro no habla sólo de cómo relacionarse mejor, sino también de cómo las relaciones sanas entre personas construyen cosas maravillosas.** Por eso, el primer punto, la primera clave de las relaciones sociales que te expondré después de esta introducción, es «dar sin esperar nada a cambio». Así de sencillo. Porque, aunque tal vez te parezca extraño, lo que nos hace más felices a los seres humanos es el bienestar de los demás. Lo que te propongo, aunque te parezca naíf, es relacionarte desde la bondad y la generosidad. Practicar el *networking* con corazón, con sentimientos, con autenticidad. Que no tengas miedo a amar y a practicar el bien, porque te vendrá retornado de una manera u otra.

Lo que te propongo, en definitiva, es algo así como un cambio de paradigma en las relaciones entre las personas, de manera que imperen las buenas intenciones y la transparencia. El ingrediente principal para lograrlo no se puede comprar en el súper de la esquina, ni siquiera en Amazon, que tiene casi de todo. De hecho, no hace falta comprarlo, ¡porque ya lo tienes en tu interior! Se trata de la EMPATÍA.

En los últimos años hemos usado esta palabra con demasiada frivolidad. Por eso quiero recuperarla en todo su esplendor y valor, y que la sientas como nunca antes. No por capricho, sino porque sin empatía no vamos a ninguna parte, ni como individuos ni como sociedad.

La empatía es la capacidad de ponerse en el sitio del otro, en los zapatos del otro, como suele decirse. De comprender cómo piensa y de sentir cómo siente. Lo bueno es que se puede fortalecer como se fortalece un músculo: a base de ejercitarla. Como el que practica con un violín o con una pelota de baloncesto. Supongo que conoces la teoría de las 10.000 horas, ¿verdad? La difundió Malcom Gladwell en el libro *Fueras de serie*, y dice que aquellos que practican al menos 10.000 horas en alguna disciplina se convierten en virtuosos de ésta. Pues bien, te propongo que practiques el bien y utilices como instrumento la empatía. En mi caso, llevo practicándola desde que tengo uso de razón. De niño, por ejemplo, prefería reservar mis juguetes para jugar con mis amigos cuando venían a casa en lugar de jugar solo. ¿Por qué? Porque viéndolos jugar era como yo más disfrutaba.

A lo mejor te pareceré un poco ingenuo, dado el egoísmo que impera en nuestra sociedad, pero me encanta dar y darme a los demás sin esperar nada a cambio. Para mí, ésa es la primera premisa de unas relaciones humanas sanas y satisfactorias. De hecho, en mi tarjeta de visita he puesto una frase que resume mi filosofía de vida: «**Dar sin esperar. Recibir y recordar**». No es fácil, lo reconozco, pero tenemos que intentar llevar esto a nuestro día a día, hasta que nos demos cuenta de que el premio de dar está en el hecho mismo de dar y en la felicidad que generamos a nuestro alrededor. Si luego, encima, nos vuelve algo en forma de recompensa (suele pasar), miel sobre hojuelas.

miniTRUCO

Pon en tus tarjetas de visita (y en tu estado de whatsapp o perfiles en redes sociales) una frase que resuma tu «filosofía de vida». Te definirá ante los demás y, de paso, te ayudará a recordártelo a ti mismo/a.

MODO DE EMPLEO

Y dicho esto, vamos al grano. No quiero entretenerte ni distraerte del propósito principal de este libro, que no es otro que darte recursos para que te relaciones mejor con las personas de tu entorno, principalmente en el trabajo o en los negocios, pero también en la escalera de tu edificio, en tu barrio, en tu grupo de amigos o donde sea. He ordenado esos recursos en forma de claves, a las que he llamado «las 15 claves para relacionarse socialmente con éxito». Cada una de ellas ocupa un capítulo. Quería hacer un decálogo, por aquello de simplificar y redondear, pero me di cuenta de que me quedaba corto.

Verás que al inicio de cada uno de estos 15 capítulos y al final del libro, en el capítulo titulado «Perlas de sabiduría», hay una serie de citas. No son frases de Aristóteles o de Winston Churchill, sino de amigos míos. Son personas muy queridas y que han triunfado profesionalmente en su campo: en el deporte, en el mundo del espectáculo, en los negocios, en los medios de comunicación, en la ciencia, etc. Pero sobre todo son grandes personas. De ellos he aprendido mucho y a ellos (y a otros muchos amigos que tengo la suerte de conocer) les debo en buena medida lo que te explico aquí. Por eso les he pedido que compartan con nosotros algunas perlas de su sabiduría, en concreto sobre la importancia de las relaciones, la amistad y la generosidad.

También verás que cada uno de los 15 capítulos está salpicado de lo que he llamado «miniTRUCOS» (ya has visto el primero). Son pequeños ejercicios o consejos prácticos para ayudarte a aplicar las diferentes ideas que te propongo.

Espero que disfrutes de la lectura y, sobre todo, que te resulte útil.

LAS 15 CLAVES PARA RELACIONARTE SOCIALMENTE CON ÉXITO

DAR SIN ESPERAR NADA A CAMBIO

«La amistad, como la música, se disfruta tanto al entregarla como al recibirla. Igual que no soportaría un mundo sin humor, tampoco lo entendería sin la música y la amistad.»

Santiago Segura, actor y director.

«La generosidad es como un *boomerang*: siempre vuelve.»

Nacho Villoch,
escritor y experto en innovación.

«Ser generoso sin esperar nada a cambio es el mejor negocio que he hecho en mi vida. Por más que lo intento no consigo arruinarme.»

Alfonso Carrascosa Marco,
presidente de Legálitas.

EL PLACER DE RELACIONARSE

Muchas personas se relacionan con otras sólo por interés. Su objetivo es conseguir algo: invitan a comer a un cliente para que les compre sus productos, le ríen las gracias al jefe para que les ascienda o les suba el sueldo (o para que no los despida), le bailan el agua a un productor de cine para conseguir un papel en su próxima película, etc. Esto, a la corta o a la larga, genera frialdad e infelicidad, que es lo contrario de lo que debería aportar una red de amigos, conocidos y contactos en general.

Si te relacionas sólo por interés, la cosa no funciona: tarde o temprano la otra parte lo nota, y a menos que le intereses tú también para algo, la relación acaba ahí. **Lo que funciona son los vínculos: interesarte de verdad por la otra persona, cuidar la relación**, felicitarla por su cumpleaños, llamarla un día simplemente para saber cómo está, etc. Los vínculos reales, y no las relaciones impostadas, son los que hacen que el *networking* sea enriquecedor para todos.

Hay que relacionarse con los demás por el puro placer de relacionarse, como cuando éramos niños.

Porque haciéndolo así se generan vínculos auténticos, y un vínculo auténtico es en sí mismo un beneficio, un premio, un regalo de la vida. Es eso lo que te hará sentirte bien, y vivir más y mejor. Y, aunque te parezca mentira, también es eso lo que hará que económicamente te vaya bien, si ése es tu objetivo. De hecho, lo que se entiende habitualmente por *networking* es la creación de una buena red de contactos para crear oportunidades de negocio, pero para hacer un *networking* eficaz hay que enfocarlo de otra manera. Se hacen mejores *business* creando vínculos, ganándote la amistad, el corazón de las personas que te interesan.

Para empezar a construir una buena red, lo primero que tienes que hacer es ser una persona generosa. Porque los beneficios de la generosidad son enormes, para los demás y para ti. Para empezar, creas un buen ambiente a tu alrededor que hace que te sientas bien. ¿O acaso no te gusta ver cerca de ti a personas felices? Por si esto fuera poco, ganas amigos y personas con las que compartir la vida, y ése es el mayor tesoro y la mayor riqueza que hay. Y no sólo eso: se te abren infinitas puertas, infinitas posibilidades de diversión, aprendizaje, negocio y placer.

Míralo así: la vida te ha dado un regalo inmenso, la posibilidad de ser generoso, así que sería una tontería no aprovecharlo. ¿Verdad que si te regalaran un millón de euros no lo rechazarías? Pues esto es lo mismo. ¡Ser egoísta no tiene sentido!

La generosidad pasa por compartir lo que se tiene, sea poco o mucho. Porque lo importante no es el tamaño del barco, sino la gente maravillosa con la que navegas por la vida. Hace un tiempo, cuando pasaba las vacaciones en Ibiza, tenía un amigo que a menudo me invitaba a pasar el día en un barquito alquilado. Lo llenábamos de gente divertida, tanta que ni siquiera teníamos vasos para todos. Cogíamos una guitarra y disfrutábamos del día. En una ocasión, el propietario de un enorme barco (su tamaño convertía al nuestro en una mera zódiac) se nos acercó atraído por la diversión y acabó en nuestro barquito. Era un magnate del calzado que, erróneamente, había comprado aquel enorme yate pensando que cuanto más grande fuera más feliz sería. Afortunadamente, aprendió que en cuestión de barcos el tamaño no importa, lo que importa es la compañía.

CAMBIA DE CHIP

Cuando contribuyo a que dos personas se conozcan o hagan negocios juntos, no busco una recompensa. Me basta con saber que he sumado. Es mi manera (eficaz) de hacer *networking*. **Entiendo el ayudar como una forma de crecer, como un regalo que recibo, no que doy.** No soy yo el que ayuda, sino que otros me ayudan dándome la oportunidad de ayudar. No lo digo por quedar bien ni porque tenga espíritu de misionero, sino porque lo siento así y me funciona. Y creo que es un cambio de chip importante que tenemos que hacer todos para mejorar nuestras relaciones y el mundo en general.

No hace mucho, por ejemplo, una amiga a la que acababan de diagnosticar un cáncer (no diré su nombre por discreción) me pidió que la acompañara a su primera sesión de quimioterapia. Podía haber compartido aquel momento con alguien de su familia o con alguna amiga íntima, pero prefirió pedírmelo a mí. Y, en lugar de verlo como un *marrón*, me sentí muy honrado, pues pensé que si me lo pedía era porque me consideraba una persona fuerte y tenía en alta estima nuestra relación. Por desgracia, no podemos curar a los demás, pero al acompañar a una persona enferma nos quedamos con un trocito de su enfermedad y se la hacemos más llevadera. El que tiene cáncer, u otra dolencia grave, no puede repartir acciones de su mal, pero si alguien le ayuda a llevar la carga se siente un poco más ligero, al menos durante un rato.

Es posible que te cueste ver esto como un regalo, pero si practicas la empatía lograrás no sólo que los demás se sientan mejor a tu alrededor, sino también sentirte mejor tú. Es una cuestión de crecimiento personal. A lo mejor ese día tengo una comida de negocios y la tengo que anular o aplazar, pero ¿qué es lo importante en la vida, las personas o los negocios? Hazte este planteamiento, porque a lo mejor te estás olvidando de lo importante. El trabajo y los negocios pueden tener un premio económico (o no), pero si alguien te da la oportunidad de ayudarle en un momento difícil es un regalo real e instantáneo.

miniTRUCO

Si al principio no eres capaz de dar sin esperar nada a cambio, al menos sé generoso por puro egoísmo: piensa que si ayudas a alguien en una situación difícil hablará bien de ti el resto de su vida. O sea, tómatelo como si estuvieras invirtiendo en un anuncio de ti mismo, en alguien que te va a *vender* como una persona atenta, noble y fiable (y a todos nos gusta tratar con personas atentas, nobles y fiables, ¿verdad?). Y no sólo eso: estás sembrando para poder recibir apoyo el día que te pase algo a ti. ¿O acaso crees que nunca te va a pasar nada malo?

DE LA MIERDA SE PUEDE HACER ABONO

Otro argumento para ayudarte a ayudar (porque, insisto, ayudando a los otros te ayudas a ti mismo) es que cuando contribuyes al bienestar de otras personas a menudo surgen beneficios inesperados. Te explicaré un caso muy personal. Hace un tiempo mi hermana y mi padre tuvieron cáncer a la vez. Mi hermana fue muy valiente, pues no sólo le ocultó a mi padre su enfermedad, sino que lo acompañó más de una vez a quimioterapia al día siguiente de haber recibido ella su tratamiento. Se ponía una peluca, se maquillaba y lo acompañaba. Y mi padre le decía: «Esto de la quimio es una mierda. Si tú supieras...». ¡Toda una heroicidad!

En esa época conocí a Javier de Castro (@javierDcastro). Buscaba a un médico experto en pulmón (mi padre tenía un cáncer de ese tipo) y di con él en el hospital La Paz de Madrid. Javier es un reputado médico e investigador que da conferencias por todo el mundo y salva muchas vidas. A raíz de aquella primera visita nos seguimos viendo, nos hicimos amigos y lo apoyé durante su proceso de separación. Un día lo llamé, simplemente por saber qué hacía. Me dijo que no tenía planes y le invité a que se viniera al restaurante que tengo con mis maravillosos socios en Alcobendas, al norte de Madrid, el Silk. Allí le presenté a Vanesa. Se cayeron tan bien que empezaron a salir juntos. Hoy día tienen una hija, Carlota, de la que soy su orgulloso padrino.

A menudo, de la «mierda» (la enfermedad de mi padre, la separación de Javier) salen flores preciosas, pero para eso tenemos que ser capaces de convertirla en abono. O sea, de ver lo potencialmente bueno que hay en cada situación, por dura que sea. Y de dar sin esperar nada a cambio.

INVERTIR EN EL CORAZÓN

Todas las inversiones (el oro, las grandes empresas que cotizan en bolsa, etc.) tienen fluctuaciones. Por eso, lo mejor es invertir en el corazón de la gente. De hecho, como dice mi querido José Mota (@JoseMotatv), las buenas acciones no cotizan en bolsa, pero son las que tienen más valor.

Invertir en ayudar, en cooperar, en construir relaciones sanas y a largo plazo, es el mejor negocio que puedes hacer. Al final es la inversión más rentable. Porque la amistad no se devalúa. Y si lo hace, pese a tus esfuerzos por mantenerla, es que estabas sembrando y regando en tierra estéril. En ese caso, guarda el agua para regar otras semillas.

Cuando haces el bien, cuando cuidas a la gente, cuando das sin esperar nada a cambio, simplemente porque te sale del corazón, generas riqueza a tu alrededor. Una clase de riqueza que no siempre se mide (al menos no directamente) en euros o en dólares, pero que vale mucho más que todas las propiedades del mundo. Éste es el mejor *networking* que puedes hacer.

Invertir en las personas y en las relaciones es invertir a corto, a medio y a largo plazo. Porque, aunque a veces te parezca lo contrario, el mundo está lleno de buenas personas que no olvidarán que un día...

... estuviste a su lado y las escuchaste cuando tenían un problema.

... las apoyaste cuando se separaron.

... las recomendaste para un empleo.

... les presentaste a alguien que acabó siendo su socio o su amigo.

... etcétera.

Y los que se olvidan (que también los hay, no soy tan inocente como para ignorarlo) no merecen estar a tu lado, con lo cual tu inversión te servirá como filtro. Porque todo tiene un límite, y el límite está en las personas que abusan de tu confianza y tu bondad sin ningún tipo de pudor ni vergüenza.

SI DICES QUE HARÁS ALGO, HAZLO

Como dice mi amiga María José Hidalgo, directora general de Air Europa, no hay que amagar en la vida. Y yo añadiría: tampoco hay que amagar en las relaciones. Dicho de otra forma: si dices que vas a hacer algo, hazlo. **La palabra es importante: tiene que ser una llave, un compromiso, un contrato.** Tenemos que gastar menos dinero en notarios y en abogados (con todos mis respetos para estas profesiones). La palabra de las personas tiene que ser un valor más preciado.

Creo mucho en el entrenamiento de la mente, y la mente se maneja con palabras. Así que tenemos que utilizar el poder de la palabra. Cuando decimos que haremos algo, establecemos un compromiso con otras personas y con nosotros mismos. Si luego no podemos cumplirlo por las circunstancias o porque no nos vemos capaces, rectificamos y nos disculpamos: «Pues mira, dije que haría esto, pero no puedo». O: «Lo siento, pero lo he pensado mejor y no me veo capaz». Y no pasa nada. La gente que genera falsas expectativas, que ilusiona y luego no cumple, defrauda y genera desconfianza y mal rollo a su alrededor. Y la base de las relaciones es la confianza.

En mi caso, si digo que haré una cosa es porque puedo y tengo intención de hacerla. No amago ni fantasmeo, porque a los fantasmas les acaba saliendo una bola negra con una cadena en el pie y eso los lastra, les impide avanzar. Algo han influido en este comportamiento mis padres. Mi padre, que ya murió, fue guardia civil y me inculcó unos principios muy firmes. He mamado la lealtad y el compromiso. Y estoy convencido de que tenemos que recuperar estos valores.

Tampoco juegues con las expectativas de las personas. Muchos problemas y enemistades aparecen por generar falsas expectativas o crear ilusiones y luego no cumplirlas. Con esto crecerá tu principal valor: tu marca personal, tu credibilidad.

PIENSA BIEN Y ACERTARÁS

Cuesta lo mismo hablar mal de un tercero que hablar bien. Exactamente lo mismo. Por costumbre, o por lo que sea, tendemos más a criticar que a alabar, a poner el foco en lo malo y no en lo bueno. Pero hablar mal de alguien es hablar mal de ti mismo. Puestos a gastar saliva, ¿por qué no hablas bien de otras personas? Las harás grandes a ojos de tus interlocutores y te harás grande a ti. Y generarás confianza a tu alrededor. Pruébalo: mejorará tu relación con los demás.

No sólo tenemos tendencia a hablar mal de los demás, también a pensar mal de ellos. Lo demuestra la gran popularidad de esta frase: «Piensa mal y acertarás». Seguro que la has oído a menudo. Forma parte de la educación que recibimos desde pequeños y que sin darnos cuenta propagamos. Bajo esa frase subyace la idea de que los demás son peligrosos y que debemos desconfiar de ellos. El que la inventó ha hecho mucho daño, porque a base de escucharla y repetirla nos la hemos creído, de modo que, cuando hablamos con un desconocido, de entrada pensamos: «seguro que me está engañando»; «algo querrá cuando es tan simpático conmigo»; «se ve que tiene dinero, seguro que lo ha robado», etcétera.

Propongo desde aquí cambiar la frase por su contraria: «**Piensa bien y acertarás**». Puede que alguna vez te equivoques (todos nos hemos llevado algún desengaño), pero vivirás mejor. Vivirás desde la confianza, o sea, más tranquilo y feliz. Porque la confianza es un valor básico en las relaciones. Cuando confiamos en una persona, nos resulta más sencillo trabajar o embarcarnos en proyectos empresariales o de cualquier tipo con ella. Y cuando los demás confían en ti, es mucho más probable que quieran hacer cosas contigo.

miniTRUCO

Cuando estés a punto de hablar mal de alguien, ¡frena! Es mejor que no digas nada. O incluso que busques algo bueno que puedas decir de esa persona.

Resumen del capítulo 1: Dar sin esperar nada a cambio

Haz las cosas de corazón, no por interés. No intentes hacerte amigo de alguien sólo para conseguir un beneficio.

Si te ofrecen la oportunidad de ayudar, hazlo. En realidad te están haciendo un regalo. ¡No lo rechaces! Lo más importante que se puede llegar a ser es buena persona.

No amagues. Sé transparente en tus intenciones y fiable en tus actos. Si dices que harás algo, hazlo. Generarás confianza, que es un valor básico en las relaciones.

Cambia el «piensa mal y acertarás» por el «piensa bien y acertarás». Te llevarás algún desengaño, pero vivirás mejor.

ABRAZAR Y MIRAR A LOS OJOS

«Sonreír y dar los buenos días son las dos claves para hacer felices a los demás. Una persona que nos recibe así seguro que es generosa en su vida con los demás.»

Padre Ángel,
fundador de Asociación Mensajeros de la Paz.

«El éxito no se mide por los seguidores que tienes, sino por la gente a la que le gustaría darte un abrazo.»

Jandro, mago y cómico.

«Trabaja, lucha, cree en ti y sigue hasta el final. No vivas del pasado, y que lo conseguido te dé fuerzas para seguir cumpliendo todos tus sueños. Si lo crees, lo creas.»

Sergio Ramos-SR4,
futbolista.

EL MIEDO A ABRAZAR

Lo confieso: ¡soy muy abrazador! ¡Me encanta abrazar! Abrazar de verdad, nada de medias tintas. Corazón con corazón.

Cuando abrazo a alguien lo siento más allá de su apariencia y de sus palabras. Hay una comunicación profunda, diría que energética o emocional o ambas cosas. De hecho, con el tiempo y el contacto con miles de personas he ido desarrollando cierta sensibilidad hacia el estado anímico de los demás, de manera que cuando abrazo noto en seguida si la persona tiene algún problema o algo que le preocupa mucho. No puedo evitarlo, simplemente es así: lo noto. Estoy seguro de que si practicas lo notarás tú también.

Hay pocas cosas que unan más a las personas que un abrazo bien dado. En una ocasión me gané el afecto de una banquera porque le di un abrazo cuando me la presentaron. Me dijo: «Es el primer abrazo que me dan desde que estoy en Madrid». Y a partir de ahí todo fluyó desde el cariño, no desde la frialdad o la prevención. *Networking* sin palabras y eficaz.

Desde siempre se sabe que los abrazos son sanadores y hacen la vida más feliz, pero ahora además tenemos argumentos científicos, pues se ha estudiado qué pasa en el cuerpo cuando abrazamos y/o nos abrazan. Está científicamente demostrado que tiene un montón de efectos positivos sobre las personas: combate el insomnio, reduce la tensión, mejora la autoestima, etc. Los abrazos generan en el cuerpo una explosión de oxitocina, una hormona que nos produce un bienestar no sólo físico, sino también emocional. Además, nos ayuda a superar nuestros miedos e incluso ¡a prevenir el envejecimiento! Si quieres saber más sobre el tema te recomiendo el libro *Abrázame*, de Kathleen Keating.

A menudo, cuando abrazo a alguien, noto en él o ella vergüenza. Entonces aprieto más. Y si sigo notando resistencia, le digo: «Abraza, abraza, que no pasa nada». Por desgracia, todavía hay mucho miedo a abrirse, a querer y a dar muestras de afecto en público. Pero ¿por qué tenemos que limitarnos a dar un apretón de manos cuando ya conocemos a la persona? (Cuando acabas de conocerla es correcto.) Entiendo que hay culturas menos propicias al abrazo y al contacto físico. En el sur de Europa, por ejemplo, somos más «abrazadores» que en los países anglosajones. Pero la cultura también se puede cambiar a partir de la práctica.

En nuestra sociedad hay un culto desproporcionado a lo superficial y eso es una pena, porque nos perdemos lo más divertido y enriquecedor de las relaciones: conocer a las personas en toda su complejidad. **En mi caso, intento que mis relaciones sean desde lo profundo. Procuro no quedarme en la piel, en la superficie, sino «mirar» dentro. Me dirijo al corazón, no sólo a la cabeza. A la emoción, no sólo a la razón. Y los abrazos van muy bien para «tocar» el corazón y «ver» dentro.**

OLVIDA LO QUE PIENSEN LOS DEMÁS

Más allá de los condicionantes culturales, a algunas personas les resulta un poco violento abrazar o que las abracen. Creo que es por miedo al contacto y a abrirse «demasiado». Cuando alguien tiene miedo a abrazar lo notas en seguida, porque hace cualquier cosa menos darte un abrazo: abraza de lado, abraza con los brazos pero separando el cuerpo, abraza de cintura para arriba y con el culo hacia fuera, abraza sólo durante una milésima de segundo, etc. No es que no quiera abrazar, es que tiene miedo a demostrar afecto.

Si te sientes identificado con esto, te sugiero que trates de abrirte un poco más y de acercarte físicamente a los demás. No pasa nada, somos mamíferos y nos va bien el contacto. Si lo haces, verás como cada vez irás conectando mejor con las personas de tu entorno.

Como soy un gran «abrazador», me fijo mucho en las reacciones de cada persona. He visto, por ejemplo, que cuando dos hombres se abrazan, casi siempre se sienten incómodos y empiezan a dar palmaditas en la espalda del otro (es lo que llamo el «abrazo aplauso»). Lo hacen como diciendo: «Vale, vale, yo también te aprecio, pero que no se vayan a pensar otra cosa».

¿Por qué tenemos miedo a dar un abrazo de verdad? ¿O a dar dos besos? ¡Qué más da lo que piensen los demás! Tenemos que hacer lo que sintamos, y si sentimos afecto por otra persona es positivo demostrarlo. ¡Ya ahorrarás en abrazos y besos cuando te mueras!

miniTRUCO

Abraza de verdad, sin dar palmaditas en la espalda ni apartarte en seguida como si hubieras chocado contra una farola. Te aconsejo, además, que intentes sentir a la persona que hay debajo del abrazo, aunque sólo sea durante un segundo. Con el tiempo podrás percibir muchas cosas con un simple abrazo y notarás que los demás se abren más a ti.

EL AMOR MATA EL MIEDO

Todos tenemos nuestros miedos. El mío, por ejemplo, es defraudar a los demás. Te confieso que durante la escritura de este libro lo he sentido varias veces, incluso he estado a punto de dejar el proyecto a medias en un par de ocasiones. Nuestros miedos hacen que no creamos en nosotros mismos y nos convierten en nuestros peores enemigos.

Uno de nuestros mayores miedos, curiosamente, es el miedo a querer. Y, derivado de éste, el miedo a expresar afecto. **En este mundo sólo hay dos grandes sentimientos: el miedo y el amor.** El resto son derivados o variantes. Del miedo salen cosas terribles, como las guerras, la envidia, la avaricia, etc. Lo peor del ser humano. Si analizas las tragedias más terribles de la humanidad y miras lo que hay detrás, encontrarás miedo, porque las personas en general no son malas, pero se dejan atrapar por sus miedos. El miedo nos hace pequeños, nos destruye.

Hay una frase de Aldous Huxley que lo expresa muy bien: «El amor ahuyenta el miedo y, recíprocamente, el miedo ahuyenta el amor. El miedo no sólo expulsa el amor, también la inteligencia, la bondad y todo pensamiento de belleza y verdad, de modo que al final sólo queda la desesperación muda. El miedo llega incluso a expulsar del hombre la propia humanidad». Así que la única forma de ahuyentar el miedo a las relaciones es con amor. Sintiéndolo y expresándolo.

Desde hace años mantengo una cruzada particular para combatir el miedo con abrazos y con amor en general. **Si abrazas a alguien que tiene miedo se lo quitas, aunque sea por un momento. Y si abrazas a alguien que está enfadado y grita, lo desarmas. El abrazo es, de hecho, una de las artes marciales más eficaces.**

Para combatir el miedo a relacionarnos que tenemos a veces (y a abrazar y demostrar afecto) lo mejor es sacarlo a la luz. Porque ese miedo es como Drácula, o como los Gremlins: en la oscuridad se crecen, pero cuando les da la luz desaparecen.

El amor siempre acaba venciendo al miedo.

AMA GOTA A GOTA

Para el tema que nos concierne, la mejora de tu *networking*, de tus relaciones sociales, me gustaría que te quedaras con la siguiente frase: **el amor es la gran «herramienta» para relacionarse**. Si actúas desde la frialdad y el interés, haces *networking* a secas y no funciona, o funciona sólo a corto plazo; si actúas desde el amor y la generosidad, haces *networking* con corazón y funciona a corto, medio y largo plazo.

De todas maneras, ahora no te lances de pronto a demostrar todo el amor que tenías contenido y no te atrevías a expresar, porque vas a quedar fatal. A veces los abrazos son tan fuertes que ahogan. Es fantástico (y útil, no nos olvidemos) demostrar afecto, pero hay que medir la intensidad. Si no le haces caso a alguien en un año y un día lo llamas y quieres dedicarle toda la atención que no le has dado antes, lo ahogas. Es como si no riegas una planta durante muchos días y un buen día la ves muy seca y le echas cien litros de golpe. En lugar de revivirla, la ahogas. **El amor y el afecto tienen que ser gota a gota, constantes.**

Las demostraciones de afecto tienen que ser auténticas. Si le dices a alguien que lo aprecias, que sea de verdad; si abrazas, abraza con todo. No hace falta que te comportes con todo el mundo como si fueras un oso amoroso. Si alguien no te acaba de transmitir confianza o te genera cierto rechazo, ponlo en «observación» durante un tiempo, pero no te comportes con falsedad. Plantéate como un reto y un aprendizaje conocerla mejor y ver lo que tiene de bueno.

ABRAZOS VIRTUALES, ABRAZOS REALES

Me ha pasado ya unas cuantas veces: conozco a una persona en Facebook, nos hacemos amigos y un buen día se presenta en nuestro restaurante y me dice: «Soy fulanito de tal y somos amigos en Facebook». Entonces le doy un abrazo y se sorprende. Y le digo: «Pero ¡cómo no te voy a dar un abrazo si llevamos meses compartiendo experiencias en Facebook!».

Es como si las personas separáramos mentalmente una cosa de la otra, como si nos atreviéramos a decir cosas amables parapetados detrás del ordenador y luego nos diera vergüenza hacerlo en persona. **Si somos amigos 2.0, tenemos que llevarlo también al 1.0. Y si somos amigos en los dos sitios, somos amigos 3.0, porque lo virtual y lo presencial suman.**

Hay personas que ponen barreras entre el mundo online y el mundo offline. En mi caso, soy mucho de piel, pero no desaprovecho la maravillosa oportunidad de comunicar y de relacionarme que me ofrece la tecnología. De hecho, siempre ando por ahí con una batería extra para el móvil porque no me separo de él en todo el día y le saco un gran rendimiento (no tanto como los adolescentes, hay que tener en cuenta que la cosa me pilla madurito...).

Utilizo mucho Facebook, LinkedIn, whatsapp, Twitter y desde hace poco Instagram (luego te explicaré cómo lo hago y te contaré algunos trucos para relacionarte mejor). Ninguna de estas herramientas puede sustituir a un abrazo de verdad, a la piel y al contacto visual, pero tienen una gran utilidad y debemos aprovecharlas.

Las redes, en contra de lo que mucha gente piensa, no son un mundo virtual, sino otro lugar real en el que nos encontramos y a través del cual nos comunicamos. Es absurdo que en una red social seas un encanto y luego en persona seas un borde. No cuadra. Una de las dos caras es falsa.

miniTRUCO

«Desvirtualiza» cada vez que puedas a un amigo de Facebook, Twitter, LinkedIn u otra red social. Si compartes con ellos tiempo en las redes, ¿por qué no hacerlo en el mundo real? Queda para tomar un café y comprueba cómo son en persona. Y, por supuesto, muéstrales afecto 1.0.

EL ARTE DE SALUDAR

A la hora de saludar, tanto si te acaban de presentar a una persona como si ya la conoces, hay otros aspectos a tener en cuenta aparte del abrazo: la mirada, la sonrisa, la actitud, etc. Por ejemplo, si te cruzas con alguien conocido, no esperes a que te salude primero: toma la iniciativa. Míralo a los ojos y saluda de verdad, no por compromiso. Mucha gente saluda por salir del paso y en automático, y eso se nota y baja la energía de la relación. Muestra una sonrisa y mira a los ojos, con presencia y con corazón. Y da la mano con firmeza.

La psicóloga Mónica Mendoza (@monicaventas), autora de *Lo que NO te cuentan en los libros de ventas*, destaca la importancia de la mirada: «El 60 % de la comunicación de una persona a nivel físico repercute a la cara, y un porcentaje importante se refiere a la mirada. Es decir, dentro de la cara, lo más importante son los ojos y la mirada. Unos ojos grandes y abiertos nos dicen que la persona es curiosa, comunicativa y seductora».

A veces con una mirada se ven muchas más cosas que con una conversación de diez minutos. El problema es que no nos miramos a los ojos, vamos todo el día con gafas de sol (reales o metafóricas) y los cristales no nos dejan ver ni dejan que nos vean.

A algunas personas les cuesta mirar a los ojos cuando saludan o cuando hablan con alguien. Si es tu caso, te recomiendo un truco que le tomo prestado a mi amigo Mago More (@magomore), autor del libro *Superpoderes del éxito para gente normal* y una de las personas más brillantes que conozco: mirar al tercer ojo, es decir, al entrecejo de tu interlocutor. De esta manera no te sentirás tan incómodo y la otra persona creerá que en realidad le estás mirando a los ojos.

Lo mejor, de todos modos, es que venzas esa resistencia y mires sin miedo. Y que abras tus ojos y tu corazón a los demás. No pasa nada porque vean cómo eres: seguro que eres una persona maravillosa. Es muy importante mirar bien a las personas para «verlas» de verdad.

No sólo hay que mirar a los ojos, sino también con buenos ojos. Nos han educado para que miremos siempre la mancha en la camisa, la tara, el defecto de los demás. ¿Por qué nos fijamos en lo negativo y no en lo positivo? ¿Por qué no ponemos luz en lo bueno de los demás y lo resaltamos y lo iluminamos? ¿Por qué no probamos a extender por el mundo los «virus» benignos?

A base de abrazos, miradas, buen rollo y buenas acciones, seguro que puedes cambiar tus relaciones, tu vida y tu entorno. Como dijo Ghandi, conviértete en el cambio que quieres ver en el mundo.

miniTRUCO

Si cuando hablas con alguien mira el móvil o bosteza, no lo juzgues: puede que esté cansado o le aburra lo que le dices. Intenta hacer algo para ayudarlo: ofrécele un café o propón seguir con la conversación en otro momento. Intenta que los demás estén a gusto contigo. Que estén mejor está en tus manos.

LA SOLEDAD EN EL ESTADIO

El miedo a relacionarse desde el corazón y la falta de comunicación verdadera entre los seres humanos están generando una gran plaga: la soledad. Estamos más comunicados que nunca gracias a la tecnología, pero a la vez, paradójicamente, también más aislados.

No nos dignamos a hablar con el que tenemos al lado. Nos pasamos años trabajando al lado de una persona y no nos molestamos en conocerla, en abrazarla y en mirarla a los ojos. O viajamos en avión durante horas y no nos preocupamos de saber quién es la persona que tenemos sentada al lado. ¡Y a lo mejor es un ser maravilloso! Si todos nos relacionáramos con el de al lado y buscáramos su bienestar, el mundo iría mejor, por puro sentido común. Veríamos otras verdades, no sólo la nuestra.

Nunca en la historia las personas hemos estado rodeadas de tantos iguales y, sin embargo, nunca en la historia ha existido tanta soledad. Una imagen lo resume bien: la persona que se siente sola en medio de un estadio a rebosar de gente. Una terrible paradoja que, sin embargo, tiene una solución muy sencilla: basta con mirar a los ojos de los que tienes al lado con amabilidad y una sonrisa, que noten que te has fijado en ellos, que los has visto, que eres consciente de que existen. Lo están deseando.

Por supuesto, no hace falta que vayas por ahí abrazando a todo el mundo como si fueras un Teletubbie, ni diciendo «te quiero» a todas horas, pero si aprecias a alguien, demuéstraselo, házselo saber a menudo. No esperes a que sea demasiado tarde. María Belón, superviviente del tsunami de Tailandia de 2004, explica en sus conferencias que después de aquella experiencia traumática, en la que ella y su familia estuvieron a punto de perder la vida (su historia inspiró la película *Lo imposible*), ahora cada mañana, cuando sus hijos se van al colegio, les dice, uno a uno: «Te quiero». Y es que aquella jornada trágica de 2004 le enseñó que cualquier día puede ser el último que vea a sus seres queridos, por lo que ahora aprovecha al máximo la segunda oportunidad que le ha dado la vida. Hoy puede ser tu último día, no ahorres un «cómo estás» o un «te quiero».

No esperes a que sea demasiado tarde para demostrar tus sentimientos, para saludar, para abrazar, para mirar a los ojos. Y para abrir tu corazón.

miniTRUCO

Gracias a la tecnología no hace falta que esperes para practicar esto. Manda ahora cinco mensajes con un sencillo «te quiero» a personas cercanas. No busques excusas. Ya verás qué mágico es. Hazlo... ¡Es un ejercicio muy potente!

UN SIMPLE GESTO PARA TU ENTORNO

Para acabar con el tema de los abrazos, te animo a que empieces a ponerlo en práctica con los que tienes más cerca, es decir, con la familia y los amigos. Si alguno de ellos lo está pasando mal, no te lo pienses: ve a verlo y abrázalo. Tal vez te dirá: «No hace falta que dejes nada para venir a darme un abrazo». O: «Si tienes trabajo no vengas». Como si el trabajo fuera más importante que la amistad o la familia. Cuando voy a dar un abrazo a un amigo, es él el que me hace el regalo de poder abrazarlo. Hay que cambiar el chip, el enfoque.

Estoy muy agradecido a todos los amigos que vinieron a abrazarme en el funeral de mi padre. En momentos tan duros como la muerte de un ser querido te das cuenta de que lo que has ido sembrando te vuelve con creces. Los infinitos regalos en forma de abrazos que recibí, incluso de personas que no esperaba, me devolvieron multiplicado por mil lo que había dado. Algunos amigos aparecieron después de años de no vernos sólo para darme un abrazo, y detrás de cada uno de ellos había una historia compartida maravillosa.

En ocasiones un simple abrazo hace que una persona se desbloquee y se atreva a hacer algo que quería hacer.

Lo único que necesita es un poco de confianza. Cuesta muy poco hacer que la gente se sienta un poco más segura de sí misma. Es maravilloso.

Resumen del capítulo 2:
Abrazar y mirar a los ojos

Abraza y hazlo de verdad, sin timidez, sin medias tintas.

Cuando saludes a alguien, míralo a los ojos y hazlo de corazón. Conecta con las personas, no te quedes en la superficie.

Las relaciones a través de internet están muy bien, pero el tacto y la presencia también son importantes. Hay que combinar la comunicación 1.0 (la física) con la 2.0 (la de las redes). Y que una y otra sean coherentes, que muestren a la misma persona.

A base de abrazos y gestos amables puedes mejorar tus relaciones y tu entorno.

DEDICAR MÁS TIEMPO A ESCUCHAR QUE A HABLAR

«Escucha, siempre escucha, porque nunca sabes si vas a comprar o a vender.»

Pedro Ricote, socio fundador
y director general del Grupo Boomerang.

«Ayuda y te ayudarán. Escucha y serás escuchado. Enseña lo que sabes y aprenderás lo que saben.»

Jorge Lorenzo, piloto de MotoGP.

«Muéstrate como eres, sin miedos ni ataduras. Pelea por tus ideas, pero dedica más tiempo a escuchar que a hablar. Aprende a sonreír. Aprende a compartir. Aprende a vivir.»

Josep Pedrerol, periodista
y presentador de televisión.

ESCUCHAR ES MÁS QUE OÍR

Imagina que viene Dios con su infinito poder y te dice:

—Te concedo un deseo, pero como hoy tengo un mal día, sólo te dejo escoger entre una de estas dos cosas: hablar inglés o entenderlo.

Qué difícil elección, ¿no?

¿Con qué deseo te quedarías?

Una vez hicieron esta pregunta a un amplio grupo de personas como parte de una encuesta y el resultado fue el siguiente: el 90 % eligió hablar inglés y sólo un 10 %, entenderlo. O sea, preferimos contar nuestra vida a conocer la vida de otros. Preferimos hablar a escuchar. Sin embargo, para relacionarnos bien con los demás es mucho más útil escuchar que hablar. La naturaleza nos lo está diciendo bien claro: tenemos dos orejas y una boca. Por algo será, ¿no crees?

Cuando estamos inmersos en una conversación, a menudo escuchamos sólo para saber cuándo acaba el otro y poder empezar a hablar nosotros. Mientras el otro habla le prestamos una atención más bien justita, pues en lugar de escuchar de verdad lo que dice estamos pensando en lo que vamos a decir nosotros a continuación. El problema es que esto no es un diálogo, sino un monólogo con *sparring*.

Escuchar no es esperar turno para hablar, sino estar atento a lo que el otro dice, no sólo a las palabras, también a los gestos, la actitud, la forma de vestir, el brillo intenso o apagado de los ojos, etcétera.

Escuchar es más que oír. No es lo mismo *oír* la radio (está de fondo, como un ruido o una musiquilla que nos acompaña mientras hacemos otra cosa) que *escuchar* la radio (la atención está focalizada en lo que sale del altavoz). Hay un programa de radio, el que conduce Pepa Fernández en Radio Nacional de España, en el que hablan de «escuchantes» en lugar de «oyentes», y me parece muy bonito.

Así que un consejo básico para mejorar tus relaciones sociales es: «No te limites a oír lo que dice tu interlocutor: ¡escúchalo!». **Escucha con plena atención, no desde el oído, sino desde el corazón.** Puede que la persona te esté diciendo que todo le va de maravilla y en el fondo esté triste porque le acaba de dejar su pareja o no le van bien los negocios. Si escuchas, percibirás eso y te relacionarás desde la autenticidad, no desde la superficialidad.

Escucha sin prejuicios, pues los prejuicios son una forma de pereza, de ahorrarnos el conocer, el profundizar, el contactar de verdad con la otra persona. Los prejuicios son uno de los mayores enemigos del *networking* con corazón: les ponemos etiquetas a las personas para no tener que dedicar tiempo a conocerlas de verdad. Nos convertimos en lo que llamo «personas sastre», que son aquellas que hacen en seguida un traje a medida de los otros sin conocerlos. No se molestan en conocer primero su talla o en tomarle las medidas. Y si no somos capaces de pasar por encima del prejuicio y abrir los oídos y el corazón, nos perdemos grandes personas y grandes relaciones.

Por último, cuando le hables a alguien, sé consciente

de su generosidad al escucharte. No abuses de tu turno de palabra, deja al otro o a la otra hablar. También desea ser escuchado/a.

miniTRUCO

Toma notas (en un papel o en el móvil) cuando hables con otra persona en una reunión de trabajo. Harás que se sienta escuchada.

CONECTA LOS PUNTOS Y EMPIEZA A TEJER TU RED

Cuando escuches, pon tu memoria en modo REC. O sea, «graba» toda la información que puedas, pues de esa manera sabrás qué busca, qué quiere o qué necesita la persona con la que estás hablando y podrás ir tejiendo tu red a base de conectar unas personas con otras, unas necesidades con otras. En el mundo online, las empresas han aprendido a saber qué queremos a base justamente de «escucharnos», o sea, de registrar y analizar cómo navegamos, en qué nos interesamos, qué compramos, etc. Así, en lugar de vendernos lo que ellas quieren, nos prestan atención y nos venden lo que nosotros queremos.

Por ejemplo, si alguien te explica que tiene un problema en su empresa porque se le ha ido el *community manager* y tiene las redes sociales desatendidas, registra esa información, porque a lo mejor al día siguiente conoces a un *community manager* que busca trabajo y puedes conectarlos y solucionarles un problema a los dos. O puede que incluso tengas ya a un par en tu agenda y simplemente tengas que hacer una búsqueda en el móvil. Esto es lo que llamo «conectar los puntos». Lo he tomado prestado del famoso discurso de Steve Jobs durante la ceremonia de graduación de la Universidad de Stanford en 2005. Allí explica que cuando estaba en la universidad abandonó la carrera que estaba estudiando y se interesó por hacer algunos cursos. Uno de ellos, que le llamó la atención, era sobre tipografía. Lo hizo sin pensar en que podía tener una utilidad o una aplicación práctica, sino simplemente porque le atraía saber más sobre la belleza de las tipografías, sobre los diferentes estilos, sobre su proporcionalidad, etc. Años después, cuando creó el primer Macintosh de la historia, aquel conocimiento le sirvió para elegir unas tipografías elegantes, proporcionadas y agradables a la vista, a diferencia de los ordenadores que había en aquel momento en el mercado. Como él decía, en aquel momento se «conectaron los puntos». Una información que estaba almacenada en su cerebro sin una utilidad determinada de pronto cobró todo el sentido y resultó útil a mucha gente.

LA «RECIPRICIDAD»

Por tanto, hay que estar siempre dispuesto a escuchar de verdad y a registrar en la memoria lo que nos expliquen. Aunque, como es lógico, todo tiene un límite: si alguien te utiliza todo el tiempo para desahogarse, quítatelo de encima con elegancia. Porque las relaciones son, por definición, diálogos, no monólogos. Un día puedes escuchar los problemas de alguien, faltaría más, incluso dos, pero si te acabas convirtiendo en su paño de lágrimas, mala cosa (sobre todo para el otro, que no crece y pasa a creer que su realidad es ésa).

En una relación sana, en algún momento tiene que haber cierta bidireccionalidad, cierto grado de intercambio, de correspondencia. O de «reCipricidad», como diría mi amiga Mónica Galán (@Monica_G_B), *public speaking*, que me ha hecho el honor de inventarse y regalarme esta curiosa palabra.

FAMOSOS O ANÓNIMOS

Todo lo que te comento aquí sobre el escuchar es de aplicación en todos los casos, es decir, tanto si nuestro interlocutor es guapo como feo, tanto rico como pobre, tanto famoso como anónimo. Por circunstancias de la vida, al poner en marcha locales de ocio y organizar todo tipo de eventos he acabado conociendo y tratando a muchas personas famosas. Algunos de ellos son hoy grandes amigos míos, y en gran medida creo que es porque los trato con absoluta normalidad, como a personas que sienten y padecen, igual que cualquiera. En realidad, eso es lo que quieren y valoran: que escuches a la persona, no al personaje. Porque ante todo son personas.

Por tanto, cuando trates con alguien popular o supuestamente «importante», escúchalo también de verdad, no te dejes deslumbrar por su halo. Si te quedas mirando el halo, no verás a la persona que hay debajo, al ser humano que vive, experimenta, duda, disfruta y sufre más allá de los focos. Procura llegar a la persona y establecer una conexión de verdad. Debajo de la alfombra roja también hay suelo.

Resumen del capítulo 3:
Dedicar más tiempo a escuchar que a hablar

Para mejorar tus relaciones personales, habla menos y escucha más.

Escucha sin juicios ni prejuicios. Verás a la persona que hay más allá de las palabras. Escucha bien y acertarás.

Si escuchas de verdad, sabrás de verdad lo que necesita tu interlocutor y podrás ayudarlo mejor. Podrás «conectar los puntos» y tejer tu red.

APARTAR EL EGO

«Siempre considero que quien tengo en frente tiene mucho que aportarme. Con esa actitud intento escuchar a quien me habla cual reflejo de mí misma, porque es, sin duda, mi espejo.»

ANNE IGARTIBURU,
presentadora de televisión.

«Ser generoso te da valor como persona y te da valor para afrontar la vida.»

MARÍA ROSA GARCÍA,
NIÑA PASTORI, cantante.

«Al tomar decisiones, en un lado está mi ego y en el otro, amor verdadero. Lo difícil es identificar a cada uno. Tras ello, el camino se hace evidente.»

ANTONIO LU, cofundador de OnTruck.

EGO *VERSUS* HUMILDAD

Según el diccionario de la RAE, «ego» significa «exceso de autoestima». Hay egos grandes como elefantes que lo van aplastando todo a su paso. Conozco a unos cuantos. Están instalados en el yo permanentemente («yo digo», «yo hago», «yo consigo», etc.) y, aunque quieren aparentar que son grandes, se van empequeñeciendo cada día un poco más, porque cuando te pasas la vida mirando hacia dentro te pierdes lo que pasa en el mundo. Y te pierdes, sobre todo, los vínculos con otras personas, los lazos, que son los que dan fuerza. Que son, en definitiva, el verdadero poder.

Dentro de esos grandes egos habitan en realidad personas pequeñitas, porque el ego es como el gas de un globo aerostático: simple aire. Creen que se elevan, pero en realidad se alejan de los demás. Las personas grandes no necesitan el ego para hincharse porque ya son grandes. Se las distingue por un rasgo común: van por la vida con humildad.

Así que una de las grandes claves de las relaciones sociales exitosas es justamente apartar tu ego y ser humilde. **Si el ego no te deja ver a los demás, te está estorbando.**

Esto tiene que ver con lo de hablar menos y escuchar más, pero sobre todo tiene que ver con alardear menos y alabar más. Todos tenemos talentos, pero no hace falta exhibirlos. Es bueno que en algún momento los muestres, pero no que los exhibas, porque te hacen pequeño.

Cuando te presenten o conozcas a alguien, no empieces a decir lo que tienes o lo que sabes o lo que haces. Relaciónate desde la humildad. Ya irás mostrando tus fortalezas de una manera natural y espontánea, cuando surja. Tus talentos seguirán estando ahí, no se van a marchar, y el otro o la otra acabarán viéndolos. En cambio, si se los arrojas a la cara, generarás rechazo.

Un ejemplo. Si se te da bien el *running* y hablas de este tema con alguien, no digas: «Corro a un ritmo de 3,30 por kilómetro». ¡No! Empieza por interesarte por la otra persona: pregúntale desde cuándo corre, por dónde sale a correr, si va sola o acompañada, si prefiere el asfalto o el monte, etc. Y si te pregunta en cuánto corres un kilómetro y resulta que eres un *crack*, quítate importancia. Suelta alguna gracia tipo: «Depende de quién me persiga». Se trata de establecer vínculos, no de competir con nadie ni de demostrar nada. Se trata, en definitiva, de compartir camino. Si apabullas, la gente no querrá caminar o correr a tu lado. Y te tocará correr solo.

miniTRUCO

Si no eres simpático, no intentes hacerte el simpático. Muestra lo que tienes y lo que eres, tus talentos y tus habilidades. Todos tenemos algo importante en lo que destacamos. Y recuerda: mostrar sí, exhibir no. Posiciónate, pero hazlo con discreción y naturalidad, sin forzar.

LA EPIDEMIA DEL *SELFISMO*

El Photoshop y el *software* de retoque fotográfico en general han hecho mucho daño. Nos hacemos fotos, las retocamos y luego queremos ser como en la foto. Y si salimos guapos, queremos ser siempre guapos. Y queremos que nuestra pareja y nuestros amigos estén siempre guapos. Y eso no puede ser, porque no somos una foto fija.

Estamos sufriendo una verdadera epidemia: la del *selfismo*. Los móviles se han convertido en espejos para adorarnos. Hemos inventado el espejo 2.0: ¡Instagram! Ahora ya nadie está gordo ni tiene espinillas. Si quedas mal en la foto, ¡el problema es de la luz!

Utiliza Instagram para mostrarte como persona, no para adorarte o mirarte el ombligo. Es una gran herramienta, pero como todas las herramientas tiene que utilizarse bien. Utilízala más para mirar lo que hacen otros que para mirarte a ti mismo. Un *selfie* puede tener gracia, pero estar siempre haciéndote fotos y publicándolas es de una egolatría insufrible. ¿De verdad crees que hay alguien (además de tu madre) que quiera contemplarte desde todos los ángulos posibles?

Muchas personas que se exhiben de esta manera lo hacen, en el fondo, por inseguridad. Pero alguien debería decirles que así no la superarán. Para superarla, tienen que abrirse y mostrarse como son. Porque en la realidad el Photoshop no funciona. Para que fluyan las relaciones sociales hay que hacerlo todo más sencillo. Quitarnos las corbatas, las de verdad y las mentales, quitarnos el *yoísmo* y el *selfismo*. Nos hemos creído que ir a una reunión con corbata es ir arreglado, pero no hace falta: lo importante es ir cómodo y acorde a las circunstancias (o sea, no en pijama). El *descorbatismo* es algo bueno que han extendido sobre todo las empresas de tecnología como Google, Apple y otras.

LA BASURA Y EL CASTILLO

La realidad es que todos tenemos virtudes y defectos, todos somos hijos de una madre, nos llamemos como nos llamemos o ganemos lo que ganemos, tanto el ídolo musical como el fan que ahorra durante un año para ir a uno de sus conciertos. Si eres un cantante famoso y te crees mejor que tus fans, acabarás encerrándote en ti mismo y perdiéndote lo mejor de la vida, que son las relaciones humanas.

El *networking* con corazón no se puede practicar si no nos abrimos a los demás y los tratamos como iguales. Algunos creen que pueden construir un castillo y meter dentro a su familia, a sus amigos y a los de su equipo de fútbol, y dejar fuera al resto del mundo. Instalados entre sus murallas, van tirando sus desechos afuera y creen que así estarán libres de malos olores. Los desechos se van acumulando junto a la muralla y, cuando les llega el hedor, ¡construyen un muro más alto! Piensan que su felicidad está dentro de su castillo, dentro de sus murallas, cada vez más altas. Construyen incluso fosos para que no entre nadie... Y se convencen de que todo lo que necesitan está ahí.

Pero al final, como el olor se propaga por el aire y el aire es de todos, acaban impregnados por el hedor de su propia basura. Entonces quieren salir, pero no pueden, porque se han acumulado tantos desechos fuera que tapan todas las salidas. ¡Es su basura! ¡¡Y huele!! Al final, descubren que la única solución es destruir las murallas del castillo y construir felicidad a su alrededor. Cuando lo hacen, su mierda se convierte en abono.

Si quieres ser feliz, rodéate de felicidad, no de murallas. Y haz feliz a tu entorno, porque así, cuando pasees, verás que la gente es feliz y te pararás un rato con ellos. No uses los ladrillos para construir muros, utilízalos para tender puentes.

David Summers (@DavidSummersHG), marido de mi prima Marta, dice que una parte fundamental de su éxito como cantante ha sido rodearse de buenas personas e intentar serlo él mismo (ya te digo yo que lo es). Y es que con esfuerzo se puede llegar a ser un gran artista, pero lo más importante es ser buena persona.

miniTRUCO

Practica la construcción de puentes con tu entorno social. Por ejemplo, colaborando con alguna ONG. En mi caso, como te explicaré más adelante, colaboro con varias, pero lejos de alardear, lo digo con agradecimiento hacia las personas que trabajan en ellas. Cuando alguna llama a mi puerta y me dice: «Cipri, ¿podrías ayudar en tal causa?», les digo: «¡Qué regalo más bonito!». Y, como hace todo el mundo cuando le dan un regalo, lo cojo. Si puedo sumar, sumo.

Es verdad que no puedes estar sumando todo el tiempo, pero sí tienes que ejercitar el músculo de la ayuda, de lo contrario no podrás construir puentes. Hazlo como si fueras al gimnasio: practica la solidaridad regularmente. Así, cuando te mires en el espejo, verás los abdominales de la generosidad.

LAS PATAS DE LA SILLA

La vida de una persona es como una silla: si tiene sólo una pata, no se aguanta. Ni siquiera con dos.

A lo mejor me dices: «Pero yo tengo a mi pareja». Y te contestaré: «Vale, pero ¿qué más tienes?». Porque una sola pata no es suficiente. Entonces me dirás: «Tengo mi pareja y mi familia». De acuerdo, vamos mejor, pero la silla sigue sin aguantarse. Si me dices: «Tengo mi pareja, mi familia y mis amigos», entonces ya tienes una silla, ya se aguanta, hay una mínima estabilidad... Pero ojo, sólo mínima, pues si se quiebra una pata, te caes. Así que tienes que tener al menos cuatro. Añade lo que quieras: tus compañeros de trabajo, tus socios, tu grupo de yoga... Lo que sea, pero que sean al menos cuatro (cuantas más, mejor).

Cuando te juntas con una pareja, no lo haces necesariamente con sus padres ni con sus hermanos ni con sus amigos. Es importante que tu pareja entienda y acepte esto. Porque sería como apoyar una pata en otra: si una se rompe, se rompen dos de golpe.

Para mí es muy importante la pata de los amigos. Es fundamental que los amigos tengan entidad propia en tu vida, que no sean un «relleno» para cuando no estás con tu pareja o tu familia. Porque eso se nota y es desagradable. Y, sobre todo, no es amistad verdadera. Los amigos no deben «usarse» para rellenar huecos, sino para compartir momentos de vida.

Me gusta formar o promover la formación de grupos de amigos, ir maniobrando (en un sentido positivo) para que se encuentre gente que creo que se caerá bien, que se entenderá. Dentro de mis amigos tengo varios grupos (varias patas). Dependiendo de mi momento vital tiene más peso uno u otro, pero todos son importantes.

Y tú, ¿tienes un grupo de amigos? ¿Lo has tenido y lo perdiste cuando cambiaste de trabajo o de pareja? ¿Haces lo suficiente para cuidarlo?

miniTRUCO

Procura no mezclar tu grupo de amigos con el grupo de amigos o amigas de tu pareja o con el del trabajo (son ecosistemas diferentes). Si surge, bien, pero no lo fuerces. Y si lo haces, que no sea por ahorrar en el quedar, sino por unir. De lo contrario, puedes provocar fricciones innecesarias. No por hacer el grupo más grande habrá mejor rollo. Aquí el «tamaño», en lugar de ser una ventaja, puede ser un inconveniente.

Resumen del capítulo 4: Apartar el ego

Los grandes egos esconden pequeñas personas. Al contrario, las grandes personas son humildes porque no necesitan simular grandeza.

Cuando trates con otras personas, muestra tus talentos, pero sin alardear de ellos, sin exhibirlos. Que surjan de manera espontánea, no pretenciosa.

Si logras apartar tu ego, verás que los demás son como tú, y tú eres como ellos. Y que no puedes vivir encerrado en tu castillo.

La vida de una persona es como una silla: necesita al menos cuatro patas «afectivas» para sostenerse: pareja, familia, amigos y compañeros de actividades. Independientes unas de otras y cuantas más, mejor.

CONECTAR Y POSICIONAR A TUS CONTACTOS

«Compartir es el arte de vivir. Compartir tu conocimiento en principio es un acto de generosidad, pero realmente te retroalimenta. Te ayuda a crecer a nivel personal, espiritual e intelectual.»

EDUARDO ANITUA, doctor en Medicina y Cirugía, investigador.

«El *networking* de la vida sólo necesita conectar a las buenas personas entre sí.»

JAVIER DE CASTRO, oncólogo e investigador.

«Lo más importante son las personas. Conecta, comparte y piensa en el otro. Llegarás más lejos, aprenderás y será mucho más divertido.»

ALFONSO G. AGUILAR, compositor y director de orquesta.

EL ACOMODADOR

Permíteme que te confiese un pequeño «vicio»: una de las cosas que me producen más placer en la vida es presentar a dos personas y ver que se caen bien y hacen cosas juntos. Me gusta, lo confieso, ser una especie de «hacedor» de relaciones. No busco una recompensa material, ni siquiera un reconocimiento o un agradecimiento explícito, sólo el placer de saber que he contribuido a que suceda algo maravilloso entre seres humanos, ya sea un negocio, una amistad, una pareja, un libro, una canción... Lo que sea.

De hecho, digo que es una especie de «vicio» porque no puedo evitarlo: cuando estoy en un sitio con gente, en seguida empiezo a pensar en quién puedo presentar a quién. Lo hago en automático, sin darme cuenta. A veces imagino que mi entorno es un gran teatro y me veo como el acomodador. Voy sentando a las personas donde y con quien creo que estarán mejor, o con quien creo que les irá bien. Las cambio de sitio para que conozcan a otro «espectador» y, de vez en cuando, las acompaño al escenario para que se las vea, para que los focos las alumbren y queden a la vista del resto.

Cuando ya he puesto en contacto a dos personas y veo que la cosa funciona, me voy con la linterna a acomodar a otras. O sea, las presento y luego, cuando veo que la conversación fluye, me quito del medio, me voy con mi «foquito» a otro sitio. Y las dejo conociéndose, lo cual a veces las violenta un poco, lo sé, pero también las fuerza a abrirse, y eso al final es bueno.

Como verás en los siguientes capítulos, hablo mucho de «poner foco». Es una metáfora que me gusta porque da mucho juego. Por ejemplo, me gusta ser un foco que ilumina a la gente, no un foco que ciega. Y de la misma manera, me gustan las personas que alumbran, no las que deslumbran...

Veamos cómo puedes aplicar a tus relaciones todo esto que te explico y en qué puede beneficiarte. Para empezar, como te decía en páginas anteriores, si conectas a unas personas con otras disfrutarás viendo cómo a tu alrededor suceden cosas interesantes y se crea buen rollo. Esta satisfacción no te la quita nadie. Además, te abrirás a un mundo de infinitas posibilidades, porque te verán como a un «conector» y a una persona generosa, y eso hará que quieran aportarte también sus contactos. Te presentarán a gente de su círculo y te enriquecerás. Aprendemos por imitación y por contagio. Y si las personas a tu alrededor ven que te preocupas de presentarlas, de conectarlas y de crear vínculos entre ellas, te imitarán. ¡Y ampliarás tu red hasta donde tú quieras! **No tengas miedo a practicar la amistad, no es un deporte de riesgo ¡El riesgo está en no practicarla!**

Los beneficios de ampliar tu red de contactos son infinitos: desde los más profesionales —conseguir clientes, conocer nuevos proveedores, encontrar futuros socios, etc.— hasta los más personales —tener nuevos amigos, novios/as, colegas, compañeros de juegos, etc.—. También hay otros más específicos, como por ejemplo conocer a un gran médico que algún día te orientará cuando tengas un problema de salud, a un empresario que te dará una idea para tu negocio, a un *blogger* de viajes que te recomendará lugares maravillosos, etc. O sea, ¡el mundo a tus pies! ¡La aventura de vivir! ¿Qué más se puede pedir?

EL *MAKI* DE JAMÓN

Como te decía, lo mío se ha convertido ya en un hábito. Cuando llego a un sitio y empiezo a ver personas conocidas, siempre pienso en cómo relacionar a unas con otras y en qué se pueden beneficiar.

Lo hago también con sus negocios. Te cuento un caso curioso, para que veas hasta dónde puede llegar un simple gesto, una actitud abierta hacia los demás. Hace un tiempo, hablando con los directivos de Navidul (Campofrío), empecé a pensar qué podía hacer por ellos. Como el Silk&Soya, nuestro restaurante, también tiene carta de comida japonesa, se me ocurrió que podíamos crear un *maki* de jamón. Probamos varias combinaciones hasta que dimos con una fórmula que gustaba a la gente: un rollo de arroz con tomate por dentro y envuelto con lonchas de jamón. Le dimos un poco de publicidad a la idea y al cabo de poco el *maki* no sólo estaba en mi carta (donde sigue), sino que lo habían copiado ¡en el mismísimo Japón! Más aún: Navidul sacó un tipo de jamón específico para hacer *maki*, cortado y envasado de una manera especial. Además, salimos en los medios de comunicación. Se lió una buena, y todo por el simple deseo de colaborar con mis amigos de Navidul y sumar esfuerzos.

Éste es un ejemplo, como podría explicarte otros, de cómo conectando puntos pueden surgir ideas nuevas, originales y, sobre todo, beneficiosas para mucha gente. Y es que la creatividad también surge de buscar sinergias. O, mejor dicho, de buscar el bien.

miniTRUCO

Puedes aprovechar cualquier momento, cualquier circunstancia y cualquier lugar para presentar personas. Incluso el gimnasio. Cuando voy al *gym*, echo un vistazo a la sala de máquinas y veo quién hay por allí y a quién puedo saludar y contactar. Luego a lo mejor me pongo los auriculares con música o conferencias, pero primero saludo, me sitúo e intento sumar. ¿Por qué no lo pruebas? Si después de presentar a dos personas ves que suceden cosas entre ellas, te sentirás feliz de haber sido el «culpable».

Anímate a probarlo, no es tan difícil. No se trata de construir una casa. No necesitas un arquitecto, albañiles, licencias, ladrillos y dinero para pagarlo todo. Se trata sólo de practicar un nuevo hábito con una frecuencia determinada (la que tú elijas) hasta que forme parte de tu forma de relacionarte, de tu forma de ser. Sólo dedicando un ratito a la semana acabarás incorporando esta actividad a tu vida sin esfuerzo y se convertirá en algo natural.

SEO DE PERSONAS

Conectar a unas personas con otras es fantástico, pero puedes ir un poco más allá: también puedes «posicionarlas». Esto quiere decir resaltar ante terceros sus virtudes, sus talentos. Hay que hacerlo de forma escueta y sintética, sin enrollarse ni hacer grandes introducciones. O sea, «en negrita». Para esto, claro, tienes que saber lo que hace cada uno, en qué destaca, qué proyectos tiene en marcha, etc. Hay que escuchar mucho, como te decía en un capítulo anterior, y también anotar los datos, porque la memoria tiene un límite. Mi agenda hoy tiene más de 6.000 contactos con bastantes datos de cada uno. Pero lo que importa no es tanto el número como la variedad. A base de práctica, irás configurando una agenda a la medida de tus necesidades, como te explicaré más adelante.

Tal vez te preguntes en qué consiste esto del «posicionamiento de personas». Viene a ser como hacer SEO en internet. SEO corresponde a las siglas *Search Engine Optimization*, o sea, optimización para los motores de búsqueda (Google y otros). Se trata de hacer que los buscadores de internet puedan encontrar mejor a una persona, un producto, una empresa o lo que sea en internet. En mi caso, llevo esto al mundo offline, al mundo 1.0, o sea, posiciono a las personas para que otros las encuentren.

Aunque suene muy serio y complicado, en realidad es sencillo, no te preocupes. Se trata sólo de estar atento a lo que te explican unos y otros y «conectar los puntos». Cuando te hablen de un proyecto, una idea, una persona con un talento, etc., piensa con quién puedes conectarla y cómo la presentarás, es decir, qué palabras clave utilizarás para presentarla. Más o menos como en internet. Se trata de sumar talento con ideas. O, dicho a mi manera, de «maniobrar para el bien».

La cuestión es promover que pasen cosas entre personas que tienen algún talento y algún punto en común. Mi amigo Luis Saracho, ingeniero, lo llama «catalizar» y dice que soy un «catalizador». Según el *Diccionario de la Real Academia de la Lengua*, un catalizador es una persona o cosa «que estimula el desarrollo de un proceso». Me gusta mucho esta definición. ¡Gracias, Luis!

miniTRUCO

Cuando presentes una persona a otra, procura poner en valor su principal talento con pocas palabras. Por ejemplo: «Os presento a Fulanito. Es un gran experto en contratación de altos directivos». O: «Éste es Menganito, un *crack* de los videojuegos. Diseña para varias empresas». Busca siempre las palabras clave, como si los posicionaras en internet. No te enrolles con *speeches* de 5 minutos, pues al final sólo se van a quedar con un par de datos. Destaca su profesión y/o sus aficiones.

HAZ GRANDES A LOS DEMÁS

Cuando conectes y posiciones a tus contactos, no lo hagas de forma egoísta, sino con la voluntad de generar progreso a tu alrededor y de contribuir al bienestar de los que te rodean. Es importante que lo hagas de corazón, no pensando en lo que a ti te conviene, sino en lo que le conviene a esa persona. Hay quien pone al otro por las nubes para posicionarse a sí mismo, para que piensen: «Éste debe de ser importante porque está rodeado de gente importante». Parece que hace grande a otro cuando lo ensalza, pero en realidad se quiere hacer grande a sí mismo. No caigas en eso, porque al final se nota.

Cuando tratas de posicionar bien a una persona, tu credibilidad radica en que no buscas nada, que no hablas bien de alguien para buscar un beneficio propio. Aunque te parezca extraño, eso te hace grande también a ti y te posiciona muy bien en tu entorno. Parece una paradoja, pero no hay mejor manera de destacar el yo que no contarlo. No hay mejor manera de poner foco en ti que no ponerlo. Esto es lo que me gustaría transmitirte, porque sé que la sociedad predica justo lo contrario. Te dicen todo el tiempo que tú y nada más que tú eres lo importante, pero hay que salir de la espiral del egoísmo y del *selfismo*. **Céntrate en dar y recibirás.**

miniTRUCO

Posiciona a tus contactos hablando de ellos de forma elogiosa, pero ceñida a la realidad, sin mentir y sin pasarte. Utiliza el humor para quitar trascendencia y bajar al terreno de lo humano. Por ejemplo, puedes decir: «Mira, aquí está Cipri, es un *crack* de las relaciones públicas. Y eso que está calvo, si tuviera pelo...».

Generar sonrisas es una de las mejores herramientas para hacer nuevos contactos y nuevos amigos. De hecho, el amor y el humor son las dos grandes herramientas de las relaciones.

OS TENÉIS QUE CONOCER

Pronuncio esta frase varias veces al día. Hablo con alguien y de pronto me viene a la cabeza una persona con la que tiene algo en común (o podría tenerlo). Entonces le hablo de esa persona, la «posiciono» (SEO). Digo, por ejemplo: «Es una gran diseñadora, una mujer supercreativa». O: «Es un genio de la música. Ha hecho la banda sonora de tal película». Y añado la frase mágica: «Os tenéis que conocer». A lo mejor la otra persona no ve en ese momento un vínculo claro, pero insisto porque intuyo que puede surgir algo de la conexión entre ambos.

Y pocas veces me falla la intuición. No es magia, lo he trabajado durante años. Tú también puedes hacerlo.

A veces presento a personas que aparentemente no tienen nada en común porque vislumbro que van a pasar cosas, aunque sea a largo plazo. Es como una especie de visión. Una cosa que hago a menudo es convocar a las personas que quiero que se conozcan en nuestro restaurante. Hago que se encuentren, como si fuera una casualidad. Luego, al cabo del tiempo, hacen algo juntas (un negocio, un libro, un proyecto de cualquier tipo) y dicen: «¡Qué suerte que coincidiéramos aquel día en Silk!». Pero no fue una coincidencia. La suerte también se tiene que trabajar.

Otras veces, la pura dinámica de ir presentando personas y provocando encuentros da lugar a otros encuentros no previstos, pero igualmente fructíferos. Son lo que mi querido amigo Miguel Sosa (@SOSAMIG), autor de *El pequeño libro de las 500 palabras para parecer más culto*, llama «ciprindipias». Pero para que sucedan hay que poner la «máquina» en marcha.

NO DEJES PARA MAÑANA LAS PRESENTACIONES QUE PUEDAS HACER HOY

En ocasiones estoy comiendo con alguien y pienso: «Fulanito debería estar aquí». Y lo llamo y le digo: «Tienes que venir». De esta frase tan simple han nacido muchas nuevas relaciones y proyectos. Cuando llamo y digo «tienes que venir», los que me conocen saben que es muy probable que conozcan a alguien interesante y que pasen cosas. Me he construido cierta marca personal en este campo.

Así que, si estás con alguien y crees que tiene que conocer a un tercero, no te cortes: preséntaselo o llámalo y pásale el móvil. Asegúrate, claro, de que pillas a tu interlocutor en un buen momento, pues se trata de sumar, no de molestar (si molestas es contraproducente). Si lo ves viable y el entorno lo permite, puedes incluso poner el altavoz y hacer las presentaciones oportunas (es lo que denomino «la llamada altavocera»), al menos para que haya un primer contacto. Luego ya hablarán en privado, pero así ya se han escuchado la voz y han roto el hielo. Después de colgar, siempre le envío a cada uno el contacto del otro.

El caso es que no hay que cortarse ni dejar de hacer cosas por timidez o exceso de prudencia, pues detrás de un simple gesto puede emerger una gran historia. Cuando veas que es el momento, que se abre la ventana, deja que entre el aire, no lo desaproveches. El bien es tan maravilloso que merece la pena arriesgarse a meter la pata de vez en cuando (yo también la meto, por supuesto).

También hago presentaciones muy a menudo por mail, como seguro que también haces tú. Aunque parece algo trivial, tiene su técnica. La presentación tiene que ser breve y con un posicionamiento claro y concreto de cada uno de los presentados:

«Hola, X, te presento a Y, que es experto en tal cosa y creo que podéis colaborar en tal proyecto.

Hola, Y, te presento a X. Estoy seguro de que te interesará conocerlo».

Hay que ser escueto y un poco aséptico para no crear faltas expectativas ni comprometer a ninguno de los dos.

Por lo general, te agradecen el contacto e incluso te ponen en copia durante un tiempo para que veas que han quedado o que han intercambiado información. Lo importante, de todos modos, no es que estés en copia, sino que conecten entre ellos y pasen cosas. Ésa es la grandeza de las presentaciones: no estar estando. Una cosa que me hace mucha ilusión, aunque esto es una cuestión más personal, es que me envíen por whatsapp una foto del día que quedan para verse.

Algunas veces, pocas, sucede que ninguna de las dos personas contesta cuando las presento a través del mail. ¿Qué hago entonces? Echo mano del humor. Les escribo un segundo mensaje en el que digo, más o menos: «Debido al éxito de mi anterior mail, os vuelvo a presentar. Estoy seguro de que os interesa conoceros, pero prometo que si esta vez la cosa no prospera, me retiro. No quiero que gastéis luz por mi culpa».

También, en ocasiones, alguno ha contestado diciendo: «Gracias, pongo en copia a mi secretaria, que es la que lleva mi agenda». Entonces le escribo: «Pensaba que estaba presentado a dos amigos, pero si queréis ponemos todos a nuestras secretarias y que ellas se encarguen. Seguro que se caerán muy bien». Es una forma de recordarles que no hay que perderse en tonterías, que todos somos seres humanos, que detrás de los contactos y las relaciones siempre hay personas que ríen, lloran, etc. Y es que, te recuerdo, no se trata de simple *networking*, sino de *networking* con corazón.

miniTRUCO

Revisa tu agenda, localiza a dos personas con puntos en común que tendrían que conocerse. Ponlas en contacto y espera a ver qué pasa. Te convertirás en el espectador de una película que has contribuido a «guionizar».

Resumen del capítulo 5: Conectar y posicionar a tus contactos

Conecta a unas personas con otras. Si te ven como a un «conector», tendrán ganas de aportarte también sus contactos. Y eso te hará más rico que si te tocara la lotería. ¡Porque la mayor riqueza son las personas!

No se trata sólo de conectar, sino también de posicionar. Cuando presentes a alguien, destaca de forma sintética sus principales talentos o aficiones, o bien aquello que pueda hacer que conecte con otros. En eso consiste el posicionamiento de personas.

Haz grande a todo el mundo, porque haciéndolos grandes tú también creces. Pero sobre todo haz grande al pequeño, pues el grande no lo necesita tanto.

HACER QUE LOS DEMÁS SE SIENTAN BIEN

«Lo más importante es tener "buenrrollismo": dícese pasión porque todo el que se acerque a ti se vaya con una sonrisa. Con tanta tecnología, que hay o que viene, o nos humanizamos o esto acaba mal.»

FERNANDO ROMAY, exjugador de baloncesto.

«Toda relación, personal o profesional, requiere de cierta dosis de Magia: intuir las necesidades de los que te rodean, saber anticiparte y sorprenderles con algo inesperado y deseado. Como un buen juego de Magia.»

JORGE BLASS, ilusionista.

«Si quieres un placer que dure toda la vida, que engrandezca los momentos bonitos y que te rescate de los difíciles, cultiva la amistad.»

PILAR JERICÓ, escritora,
conferenciante y empresaria.

LA INVERSIÓN MÁS BARATA

Si te fijas, verás que casi todo lo que te propongo en este libro es gratis y da grandes beneficios: es gratis ser amable, es gratis abrazar y estrechar la mano, es gratis conectar a unas personas con otras, es gratis hablar bien de los demás, etc. Sólo hace falta un poco de tiempo, conciencia y entrenamiento para aplicar las 15 claves de las relaciones sociales recogidas aquí. Con eso basta. Por tanto, no hay excusas: puedes hacerlo tanto si eres rico como si no llegas a final de mes. Y si lo haces, ¡es mucho más probable que llegues a fin de mes!

Tampoco hace falta ningún talento especial, sólo practicar hasta convertir el *networking* con corazón en un hábito. Cualquier momento y cualquier circunstancia son buenos para alimentar las relaciones y enriquecer tu red (¡y de paso tu vida!). Es posible que yo sea un poco bicho raro, pero cuando tengo un momento «libre» (por ejemplo, cuando voy en el coche o estoy en la ducha) en seguida pienso: ¿A quién podría echarle una mano ahora? ¿A quién puedo poner en contacto? ¿Hay alguien de mi entorno que lo esté pasando mal? ¿Qué puedo hacer por él/ella?

Cuando tengas un rato libre, en lugar de pensar en qué puedes hacer por ti, piensa en qué puedes hacer por alguien cercano a ti que lo esté pasando mal. A lo mejor esa persona sólo necesita que la llames para charlar cinco minutos. No sabes el bien que puedes causar con sólo cinco minutos de tiempo.

Si buscas en tu interior momentos en que ayudaste a alguien a sentirse bien, te darás cuenta de que tú te sentiste mejor. Y es que somos más felices cuando los que están a nuestro alrededor lo son, sobre todo si hemos contribuido de alguna forma a que se sientan así.

Para algunos esto puede resultar naif, incluso inocente. Lo lamento por ellos, pues se pierden la mayor y más barata fuente de bienestar que tienen a su alcance. Y desaprovechan la mejor inversión que pueden hacer.

miniTRUCO

En el móvil, que siempre va contigo, abre una nota y ve apuntando los nombres de tus contactos a los que por algún motivo te gustaría dar un toque utilizando cualquier medio (llamada, Facebook, whatsapp...). Y cuando tengas un momento libre, repásala y contacta con ellos. Demostrarás que te acuerdas y te importan.

Para que la lista no se haga inacabable, también puedes ir enviando mensajes en el momento en que te acuerdes de la persona. No esperes una respuesta inmediata, pues no sabes en qué momento está el destinatario cuando lee el mensaje. No dejes para mañana el lazo que puedas crear hoy.

SIN GUION NO HAY PELÍCULA

Es importante decir a las personas cercanas que las valoramos, que las queremos, que son importantes en nuestra vida y que nos aportan muchas cosas. No cuesta nada tener una palabra amable y sembrar buen rollo. Un comentario agradable te alegra el día, hace que te sientas bien, en paz y en conexión con los demás, aunque sólo sea por un momento (al fin y al cabo, la vida es una suma de momentos, ¿no?). Además, si haces que los demás sean felices, querrán estar contigo o cerca de ti. Es puro sentido común.

El mayor obstáculo para lograr esto es que siempre estamos pensando en nosotros mismos y buscando protagonismo, como si fuéramos niños mimados. Buscamos ser protagonistas cuando no toca. Es más, a veces queremos ser protagonistas y ni siquiera nos hemos leído el guion, y resulta que en el guion nos matan en la primera escena... ¿Sabes los que no mueren nunca en las películas? ¡El guionista y el director! ¡Yo prefiero ser guionista! Prefiero hacer que pasen cosas buenas. Si luego alguien se acuerda de mí y me lo agradece, genial (a nadie le amarga un dulce), pero ya estaré «escribiendo» nuevos guiones y generando nuevos lazos, que es lo que me aporta y me motiva.

CREA REDES EMOCIONALES

Una forma de practicar la amabilidad y hacer que las personas se sientan bien es prestar atención a los que lo están pasando mal: los que han perdido su empleo, los que están en un hospital enfermos, etc. De esta forma puedes contribuir a crear redes emocionales que les sirvan de apoyo.

Un claro ejemplo, en el que tengo mucha experiencia, es el de los recién separados. A nuestro restaurante-club vienen, como en peregrinación, la mitad de los separados de España (la otra mitad no lo hace por razones obvias: son los ex de los que vienen). Los acojo con los brazos abiertos y les presento a otros separados, y acaban saliendo de ahí un montón de nuevas parejas.

Vienen al Silk (como antes a los más de veinte locales que he tenido) como si fuese un refugio o una especie de oasis. Y es milagroso, porque ninguno tiene la culpa de nada. Con lo cual, pienso: «Con la cantidad de malos hombres y malas mujeres que debe de haber por ahí, ¡qué suerte que aquí sólo vengan los que tienen la razón!». Nuestra mente es prodigiosa: siempre encuentra alguna justificación a nuestros actos.

Comparto esto contigo para animarte a que tú también los apoyes. Es muy enriquecedor. Además, algún día te puede pasar a ti. Tengo varios amigos y amigas que lo hacen. Tenemos establecido una especie de protocolo para recuperarlos, algo que ha ido surgiendo de manera espontánea. Según el caso y el perfil, los derivamos a una persona u otra, que se acaba convirtiendo casi siempre en un apoyo importante para salir del bache. Al principio les presentamos chicas o chicos, según el caso, pues después de separarte tienes que reconstruir tu entorno de relaciones. Con el tiempo van recuperando la seguridad y ya se presentan solos. Al final, cuando se recuperan, se convierten en nuevos miembros de esta red de apoyo y ayudan a otras personas separadas. Esto les sirve, además, como refuerzo, pues recuerdan en positivo cómo salieron de su propio bache.

Otra cosa que te recomiendo es visitar a amigos que están en el hospital. Y no sólo a amigos, sino también a familiares de amigos. En esos momentos se agradece ver una cara conocida y escuchar unas palabras de ánimo. Y también porque me hace crecer. Ver la entrega de los profesionales de la sanidad y la lucha de los enfermos me recuerda lo valiosa que es la vida y lo importante que es dejarse de tonterías y aprovecharla.

miniTRUCO

Llama de vez en cuando a un amigo o a cualquier persona que te importe sólo para saber cómo está. Tal vez se sorprenda, porque nos hemos acostumbrado a llamar sólo cuando queremos algo. A lo mejor tienes la suerte de que comparta contigo buenas noticias, como que ha encontrado un trabajo mejor o ha conocido a una persona especial. También es bonito si comparte contigo una tristeza, pues te hace el honor de aligerarle un poco de su carga, aunque sólo sea por unos minutos. Hay personas que siempre andan por ahí repartiendo energía negativa, una energía que se te pega a la piel y luego te cuesta limpiártela. A éstos hay que evitarlos. Pero aquellos que te cuentan una pena sólo cuando realmente les ha pasado algo importante merecen ser escuchados. Esas personas no transmiten energía negativa, sólo buscan alguien en quien apoyarse durante unos instantes. ¡Escúchalas! No se suda escuchando.

MANEJAR EL MAL ROLLO

Procuro tener buen rollo con la gente con la que me relaciono, pero no siempre es posible. Todos tenemos días malos y cometemos errores. A veces me hacen algo que me molesta y no puedo ocultarlo. Y otras soy yo el que hago algo, consciente o inconscientemente, que incomoda a otros. O no les incomoda, pero como soy tan exigente conmigo mismo creo que sí, y no puedo dejar de darle vueltas y me amargo.

Estoy seguro de que hasta el Dalái Lama tiene sus días malos. Días en los que debe pensar: «Hoy no salgo del monasterio que estoy de un humor de perros...».

En uno de esos días puedes acabar teniendo un roce, una discusión o incluso un enfado fuerte con alguien cercano. No sé tú, pero yo lo paso fatal en esos casos. Si el enfado es con un buen amigo, puedo pasarme el día triste. Y al final, si creo que he hecho algo mal, acabo pidiéndole perdón e incluso preguntándole cómo puedo compensarlo.

No pasa nada por pedir perdón o por decir «me he equivocado». Hay quien lo ve como una debilidad, pero actuar desde el corazón y desde la humildad no es de débiles, sino de valientes. Es mucho más humano el que se sabe con defectos y está dispuesto a admitirlos que el que se cree perfecto.

Aceptar que puedes equivocarte, que no eres ni tienes por qué ser perfecto, es una gran liberación, un descanso. Hay quien va por la vida de duro y nunca pide perdón porque cree que eso lo hace más débil a los ojos de los demás. ¡Dios mío, qué pesadez, qué carga! Con lo tranquilo que se queda uno cuando acepta que ha metido la pata y se disculpa... A veces hasta me disculpo preventivamente, por si meto la pata cuando voy a decir algo, para que quede claro que no trato de molestar. Así me libero del peso y la responsabilidad de hacerlo todo bien.

MANEJAR LOS DÍAS MALOS

También hay que entrenarse para detectar cuándo tienes un mal día o estás, como digo yo, «en modo tonto». Hay que detectarlo y ser prudente, porque son los típicos días en que dices lo que no debes o lo dices a destiempo, o sueltas una tontería delante de alguien que se lo puede tomar a mal. Entonces, en vez de hacer que los demás se sientan bien, consigues justo lo contrario.

Esos días mejor no hablar mucho, porque puedes estropear en un minuto relaciones que te ha costado años construir. **Basta un mal segundo para cargarse muchos años de buena relación.** Si tu tendencia natural, como la mía, es a hablar, a comunicarte, a expresar tus emociones, aprende a detectar esos días «chungos» y a frenarte. Cuando te salga el buen rollo, déjate llevar; cuando te salga el odio, deja que descanse.

Recuerda que la energía se puede trabajar. ¿Cómo? Pensando en las cosas buenas que te van a pasar, en la gente interesante que vas a conocer, etc. No te quepa duda de que eres lo que proyectas. Si proyectas cosas buenas, te pasarán cosas buenas. No es magia ni ciencia ficción: es pura lógica.

Y cuando se produzcan roces, discusiones fuertes o malos rollos entre dos personas de un grupo del que formas parte, intenta hacer alguna broma o llevar la conversación al absurdo. O bien busca puntos en común y sácalos a la luz. Aprender a manejar esto es muy potente, y practicarlo puede llegar a ser incluso divertido.

EL TRUCO ESTÁ EN EL TRATO

Si quieres que te traten «de miedo», trata tú bien a los demás. Haz que se sientan lo mejor posible contigo. Por ejemplo, si organizas una cena, una fiesta o un encuentro del tipo que sea, preocúpate por saber cómo está cada invitado. Pregúntales cómo les va y no te quedes en la superficie. Normalmente nos conformamos con las típicas palabras de cortesía, pero eso sólo es la punta del iceberg. Debajo de cualquier expresión racional hay una carga emocional que es más importante que lo que se dice con palabras (e incluso a veces lo contradice). De todo lo que transmite una persona, la comunicación verbal representa sólo un porcentaje reducido. Esa persona puede asegurar que está muy bien y, sin embargo, sus ojeras, sus hombros encogidos, su indumentaria descuidada, etc., pueden revelar lo contrario.

Durante un acto social puedes hacer muchas cosas para fomentar las relaciones y animar el ambiente:

- Cuando estés en un grupo, aplica lo que hemos visto hasta ahora: conecta a unos con otros y posiciónalos. Anímalos a hablar de lo que dominan, sobre todo si son tímidos y ves que les cuesta participar.
- Bromea si tienes cierta gracia. Si no, mejor no lo hagas, pues no hay nada más patético que alguien intentando hacerse el gracioso sin serlo. Si lo que se te da bien es preparar gin-tonics, ofrécete para eso. Como rezaba la mítica frase del templo de Apolo, repetida por los filósofos durante siglos:

«Conócete a ti mismo». Haz foco sobre tus cualidades, sobre tus puntos fuertes, que seguro que los tienes, y muchos. Y si quieres desarrollar otras habilidades, entrénalas antes de salir al escenario. ¿O acaso crees que lo de los actores es innato? Además, te lo pasarás bien haciéndolo.

- Ten a mano tu agenda. Hoy en día es fácil, porque casi todos la llevamos en el móvil (y no nos separamos del móvil ni para ir al baño, yo el primero). Si alguien dice que está buscando trabajo, a lo mejor puedes pasarle el contacto del propietario o director de una empresa; si alguien explica que tiene un problema en la espalda, puedes pasarle el teléfono de un fisioterapeuta que te consta que es bueno; si alguien se acaba de separar, tal vez puedas incorporarlo a un grupo de amigos separados que hacen salidas los fines de semana... No te limites al terreno de lo profesional. Mejor dicho, no establezcas barreras entre lo profesional y lo personal, porque lo profesional te puede llevar a lo personal (compañeros de trabajo que se convierten en amigos íntimos, por ejemplo) y lo personal a lo profesional (amigos con los que acabas montando un negocio o cualquier otro proyecto). Te sorprendería cuántas personas interesantes puedes descubrir detrás de las relaciones profesionales o de negocios.

En definitiva, intenta que las personas que están a tu alrededor se sientan bien, tanto en el día a día como en ocasiones especiales. Si alguien tiene un problema y puedes recomendarle algo o a alguien que lo ayude, no dudes en hacerlo. Ah, y por supuesto, si crees que este libro puede ayudar a alguien, ¡regálaselo! No te lo digo por mí, de verdad. No tengo intención de hacerme rico vendiendo libros (como te explicaré en el apartado agradecimientos).

miniTRUCO

Cuando organices una cena con más de diez personas, hazla en forma de bufet. Es mejor estar de pie e ir presentando a unos y a otros, y que cada cual se junte con quien le caiga mejor o le parezca más interesante. Así se sentirán más cómodos y se relajarán. Observa cómo se relacionan entre ellos. Sé consciente de que estás organizando algo para hacer felices a los demás. Y dedícate a interrelacionarlos, sobre todo a los que veas más solos.

Resumen del capítulo 6: Hacer que los demás se sientan bien

Invierte en relacionarte: es gratis y da grandes beneficios.

Cuesta muy poco hacer que los demás se sientan bien: una palabra amable, un elogio o un abrazo bastan. Si haces que los demás sean felices querrán estar cerca de ti.

Puedes hacer muchas cosas para que los que te rodean se sientan bien, como, por ejemplo, llamarlos de vez en cuando sólo para saber cómo están o crear redes de afecto para personas que lo están pasando mal.

Por otra parte, el mal rollo o el enfado es a veces inevitable. Acepta que nadie es perfecto. Intenta reconducirlo con humor. Y si metes la pata, pide perdón.

AYUDAR A QUE PASEN COSAS

«La mejor forma de *networking* es la solidaridad.»

SANDRA IBARRA, Fundación Sandra Ibarra.

«Cuando tengas una idea y leas sobre ella, ya será demasiado tarde. No tengas miedo a compartirla con quien sabes que no te fallará. Comparte tu éxito.»

FERNANDO TORRES, futbolista.

«Un negocio sólo es bueno cuando ganan todas las partes.»

ENRIQUE TOMÁS, empresario.

EL *FORRESGANISMO*

Si me preguntas qué es lo que más me gusta en la vida, te diré: «Hacer que pasen cosas buenas». Soy un forofo del *forresganismo* (de Forrest Gump, ese chico que parece que no hace nada pero está detrás de grandes hechos históricos de Estados Unidos, seguro que has visto la película). Me gusta estar detrás de un montón de historias: de ideas, de eventos, de negocios, de gente que se conoce, de aventuras... Mi vida está compuesta de personas, no de cosas.

Muchas veces el ego impide que pasen cosas. Hay quien piensa: «Como no es idea mía, no voy a hacerlo, porque el mérito se lo va a llevar otro». Es una mezquindad, pero hay gente así. A mí me da igual que la idea sea mía o de otro, lo que me importa es que se materialice. Hago que la gente se conozca y luego me escondo y los observo por la mirilla. Veo que están pasando cosas y soy muy feliz. De alguna manera me siento protagonista de la historia, pero no necesito que lo sepa nadie. **Lo importante es la historia, no el reconocimiento.**

En realidad, la mayoría de las cosas que pasan a mi alrededor son cosas que iban a suceder igualmente, pero, al estar yo por ahí cerca se precipitan. Me involucro, enciendo la mecha y provoco que explote la traca. Pero sólo soy la chispa que enciende el fuego.

Alguien dirá: «Pero ¡así no brillas!». Y yo: «No, pero doy calor».

miniTRUCO

Si alguien te pide algo (razonable, claro) o ves que puedes ayudar, no te lo pienses: ¡hazlo! Vas a tardar más en buscar una excusa que en descolgar el teléfono y hacer un par de llamadas, sobre todo si tienes una buena agenda. Si no la tienes, constrúyela. A más agenda, más recursos.

#AYUDARESDIVERTIDO

Cuando creo un local de ocio u otra empresa, más allá del puro negocio veo un sitio donde las personas se relacionan y donde pueden pasar cosas. Es por eso que muchos de nuestros clientes y amigos, cuando entran en Silk, que es como familiarmente llamamos a nuestro restaurante, exclaman: «¡Qué buen rollo se respira aquí!». Todos somos energía y vamos impregnando con ella los lugares por los que pasamos y los objetos que tocamos. Cuando un sitio se llena de una determinada energía es porque las personas que pasan por ese lugar la tienen.

Por el Silk pasan a diario muchas personas buenas y suceden cosas maravillosas. Una vez al mes es el escenario de una iniciativa solidaria a la que hemos bautizado como «Ayudar es divertido». Consiste en organizar un acto para ayudar a alguna ONG o fundación. Nosotros cedemos el local y organizamos el evento. Se recibe a los asistentes, actúa un humorista y hay un rato de charla. El cien por cien de la entrada va para la fundación u ONG que convoca. Además, siempre suceden cosas que van más allá, como donaciones extra o personas que regalan objetos valiosos para que sean subastados.

Como siempre digo: «O formas parte del problema o formas parte de la solución. Tú eliges». El caso es que no puedes inhibirte, hacer como si no fuera contigo. ¡Porque sí va contigo! Y si no haces algo, aun teniendo una opción real de hacerlo, formas parte del problema. Como dijo Albert Einstein: «La vida es muy peligrosa. No por las personas que hacen el mal, sino por las que se sientan a ver lo que pasa».

miniTRUCO

Puedes organizar actos o acciones solidarias en tu trabajo o con tus amigos. Es mucho más fácil de lo que crees. Utiliza tu red de contactos para contribuir a difundir la convocatoria. Recuerda que estamos en la época de las relaciones 3.0, o sea, que tenemos a nuestra disposición muchas herramientas tecnológicas: envía mensajes a través de whatsapp y correo electrónico, comparte la convocatoria en redes sociales, etcétera.

Si eres generoso y te rodeas de gente buena, siempre pasan cosas bellas. Y si eres capaz de generar buena energía, la gente se la llevará puesta y la contagiará a su alrededor.

ELIGE EL MOMENTO OPORTUNO Y EL ENTORNO ADECUADO

Para que pasen cosas entre las personas tienes que estar siempre con el radar a punto. Es la forma de detectar no sólo quién puede conectar con quién, sino cuándo es un buen momento para establecer la conexión. Porque las cosas suceden cuando pueden suceder, cuando están maduras. Se pueden promover, empujar, pero no forzar.

Actúa, por tanto, cuando veas que se abre la ventana. Si sientes que no es un buen momento, no te obsesiones, deja pasar el tiempo. Pero si crees que lo es, ¡adelante!

Lo importante, en cualquier caso, es que actúes por el placer de que sucedan cosas, no pensando en el beneficio que obtendrás. El *forresganismo* funciona justamente cuando no miras por tu interés, cuando sientes placer al saber que has contribuido, en alguna medida, a algo bueno. Esto es lo que te fortalece, tanto a nivel íntimo como a nivel social.

Hay personas que se relacionan con el libro de contabilidad en la mano, con el debe y el haber. Es mejor pensar en el «a ver» que en el «haber», o sea, en el «a ver en qué puedo ayudar».

Si vemos esto desde una perspectiva profesional, se gana más invirtiendo en muchas relaciones que conectando sólo unas pocas personas y estando pendiente del beneficio (de firmar contratos, de si cumplen o no, etc.). ¡Amplía tu rango de actuación! Todos tenemos una capacidad infinita de ayudar, lo que pasa es que vamos por la vida reservándonos. ¡Es absurdo! Es como el que se come un bistec y piensa: «Me reservo el mejor trozo para el final». Y cuando llega al final, el trozo se ha enfriado.

Resumen del capítulo 7:
Ayudar a que pasen cosas

Haz que pasen cosas buenas. Elige el momento adecuado para hacerlo y construye el entorno propicio para que las personas levanten sus barreras y pasen cosas.

No te limites: se gana más invirtiendo en muchas relaciones que limitándose a unas pocas y buscando un beneficio personal inmediato.

SACAR EL MÁXIMO PARTIDO A LA TECNOLOGÍA

«La tecnología es importante para los negocios, no hay duda, pero detrás de los negocios siempre hay personas, así que el mejor uso que puedes hacer de ella es para conectar con esas personas.»

Harish Fabiani, empresario.

«Gracias a la tecnología, hoy llamamos *networking* a lo que antaño conocíamos como relaciones públicas, pero la base sigue siendo la misma: las personas.»

Alejandro Suárez, CEO de Merca2.

«Gracias a LinkedIn podemos acceder a cualquier persona y aportar valor en el entorno digital antes de tener un encuentro *offline*.»

Eduardo Laseca,
Business Development Training.

UNA VERDADERA RED

Esta clave es clave, valga la redundancia: si algo ha cambiado en las relaciones entre las personas en los últimos años es el uso de la tecnología. En este capítulo trataré de explicarte extensamente cómo usarla para ampliar tu red y sacarle el máximo provecho a tus contactos.

Muchas personas usan la tecnología para no salir de casa, lo cual es un error. No se trata de evitar el contacto en persona, sino de ampliar las posibilidades de contacto, tanto físico como virtual. Sherry Turkle, psicóloga clínica, socióloga del Instituto Tecnológico de Massachusetts (MIT) y gurú digital, lleva más de tres décadas investigando cómo las nuevas tecnologías están cambiando la manera de relacionarnos, y ha llegado a conclusiones preocupantes. Por ejemplo, dice que la comunicación a través de las redes sociales ha reducido los niveles de empatía de los universitarios estadounidenses en un 45 % en los últimos veinte años.

La señora Turkle también nos aporta otros datos curiosos, como que en una encuesta realizada en 2013 (imáginate ahora), un 20 % de las personas de entre 18 y 34 años dijeron que contestaban al móvil mientras mantenían relaciones sexuales. No vamos bien si seguimos por ahí. Hay que hacer un buen uso de la tecnología si queremos que contribuya a mejorar nuestras relaciones en lugar de destrozarlas.

La tecnología, por tanto, no es para que te quedes en casa, sino para ayudarte a tener más contactos y a relacionarte mejor con los que tienes. Para eso hay que hacer un buen uso, entre otras cosas, de las redes sociales. Aunque nacieron para facilitar el contacto e interactuar, han acabado convertidas en meros altavoces desde los que lanzar mensajes en una sola dirección. Hay que replantearse la funcionalidad de estos canales para que vuelvan a conectar personas en lugar de aislarlas y alimentar sus egos. Porque la tecnología no es ni buena ni mala, depende del uso que hagamos de ella.

UN CAPÍTULO MUY PRÁCTICO

Este capítulo va a ser diferente. Voy a explicarte una serie de miniTRUCOS para sacar el máximo partido de las tecnologías en tu relación con los demás. No se trata de un manual, sólo quiero compartir algunos de los que utilizo y me funcionan. Espero que te ayuden a mejorar tu «productividad relacional».

Ah, y ya sabes cómo evoluciona la tecnología, así que el mejor consejo que puedo ofrecerte es que te mantengas al día y prestes atención a las novedades sin agobiarte. Las tecnologías se crearon para hacernos la vida más fácil, no para quitarnos el sueño.

miniTRUCOS para el móvil

- **Apunta en la agenda la fecha de cumpleaños de tus contactos y sé uno de los primeros en felicitarlos.** Puedes llamarlos o, si tienes poca confianza, enviarles un mensaje a través de whatsapp, Facebook, etc. Cuando envíes un mensaje, personaliza la felicitación, no te limites a poner «¡Felicidades!». Incluso envía alguna foto o algún vídeo gracioso.
- Si quieres ir más allá, el día antes avisa a los amigos y conocidos comunes del cumpleaños de Fulanito y sugiéreles que lo feliciten. Pero hazlo con cuidado: una vez me vine tan arriba que, sin darme cuenta, le recordé a la propia persona que al día siguiente era su cumpleaños. Fue muy divertido, porque me contestó: «Gracias por recordármelo, Cipri, siempre se me pasa mi cumpleaños».
- Sobre todo, no delegues lo de felicitar. No digas a otro aquello de «felicítalo de mi parte». ¡Felicítalo tú! Las felicitaciones, igual que los abrazos y el cariño en general, no se delegan.
- Utiliza el móvil para interesarte por los demás cuando tengas un momento libre. Sobre todo a los que les pase algo, pero también a los que simplemente quieras saludar. ¿Por qué no aprovechar la facilidad que nos da el móvil para llamar desde cualquier sitio y en cualquier momento? Es una manera fantástica de crear lazos, de fortalecer vínculos, de construir una red fuerte. Por desgracia se practica poco. Alguna vez he llamado a un amigo y después de diez minutos charlando me ha preguntado: «Bueno, ¿y qué querías?». Y yo: «Nada, sólo saber cómo estabas». Y se ha quedado mudo de la sorpresa. Estamos tan acostumbrados a que todo el mundo se mueva por algo que nos cuesta creer que alguien dedique diez minutos a llamarnos sólo para saber cómo estamos. Si logramos poner de moda que la gente llame a sus amigos sólo para saber de ellos, el esfuerzo de hacer este libro habrá valido la pena. Prueba, descuelga ahora... ¡Es mágico!

- Algunas personas sólo llaman a sus padres o a sus hermanos una vez al mes o cada dos meses. Están tan ocupados... Si eres de esos, te sugiero que pruebes a hacerlo una vez por semana (o dos, no te cortes). Te aseguro que vuestra relación mejorará un montón. Y el día que se vayan, porque algún día inevitablemente se irán, llorarás, pero llorarás más limpio y con lágrimas más puras. No te habrás dejado un «te quiero» en el bolsillo.
- El salvapantallas de los móviles es una de las cosas que más miramos a lo largo del día. Utilízalo para incluir la imagen de alguien que quieras tener presente, una frase que te motive y te recuerde que puedes mejorar, o la imagen de algo que quieras conseguir.
- Piensa en un amigo e imagina que se ha ido lejos y no tienes forma de contactar con él. Cuántas cosas te habría gustado decirle antes de que se fuera, ¿verdad? Pues puedes hacerlo ahora mismo. Llámale. **Llama ahora a las personas que quieres y te importan, no esperes a que se vayan.**
- Cuando te enteres de que tal día operan a Fulanito (por cierto, Fulanito se está haciendo muy famoso aquí) o le dan un premio a Menganita, ponte un aviso en el móvil. La memoria a veces no da para todo y nos puede jugar malas pasadas. El hecho de apuntarte las cosas y de poner avisos para que el móvil te las recuerde no quiere decir que no te importen las personas, sino que utilizas las ventajas que te ofrece la tecnología para tenerlas más presentes. No para deshumanizarte, sino para humanizarte todavía más. Eso sí, no lo hagas por obligación, sino por saber de verdad cómo están. Insisto: la grandeza de las relaciones está en poner el corazón, tanto si es trabajo como si son relaciones personales.
- Si no das abasto para mantener tus relaciones sociales porque tienes muchos «frentes abiertos», graba en el móvil notas de voz con aquellas cosas importantes que no quieres olvidar y/o ponte avisos en la agenda: a la cena de tal tengo que llevar un vino blanco, Fulanito quiere montar una empresa de informática y tengo que presentarle a Menganito, enviar un ramo de flores a

Zutanita que acaba de tener un niño, etc. Te reenvías a ti mismo (o a tu asistente, según tu situación profesional) esas notas de voz y luego las añades al calendario, a tus contactos o donde corresponda.

- Mientras haces deporte, caminas o conduces, por ejemplo, aprovecha para ponerte en el móvil alguna conferencia de algún tema que te interese o algún *podcast* de tus programas de radio favoritos. Es una manera de estar mentalmente activo, de tener buenos temas de conversación con los demás y de conocer diferentes ámbitos para relacionarte mejor con otras personas o para poner en contacto a unas personas con otras.
- Hazte una carpeta en el móvil, en la aplicación Recordatorios, con el título «Saludos» . Pon nombres de personas importantes para ti a las que no has llamado en las últimas semanas. Y cuando tengas un momento libre, llámalas.
- Utilizo mucho la «llamada múltiple». Es una forma de tener una reunión sin tener que desplazarme y no dejar que se enfríen los negocios por problemas de agenda. Hay que poner en pausa al primer interlocutor, llamar al segundo y unir las llamadas. Eso sí, di algo de vez en cuando, no sea que se olviden de ti.
- **La tecnología es importante, pero que una llamada de móvil no te robe ni te estropee un momento mágico.** Desconéctalo o ponlo en silencio cuando estés hablando con alguien sobre algo importante para poder mirarlo a los ojos y escucharlo de verdad. Que se dé cuenta de que te importa.
- Si alguien no te llama, no se lo reproches: averigua por qué y trabaja para mejorarlo. Los reproches no suman, todo lo contrario: crean heridas que luego hay que curar. En lugar de reprochar puedes hacer una broma. Decir, por ejemplo: «Oye, ¿has mirado si tienes saldo en el móvil?». Es más fácil mejorar tú que cambiar a los demás.

miniTRUCOS para el correo electrónico

- Presenta a personas por correo electrónico. Antes hemos visto un ejemplo. Aquí tienes otro más sencillo: «Fulanita, tienes que conocer a Menganito, al que pongo en copia, que es un excelente profesional y con el que estoy seguro de que encontrarás puntos en común y blablablá». Esto no lo hagas creando grupos de whatsapp, porque te seguirán llegando mensajes compartidos durante días o semanas, y tú ahí ya no tienes que intervenir más.
- **Busca tu propio estilo a la hora de escribir mails.** Si eres una persona desenfadada y espontánea, no escribas demasiado formal; y al revés, si eres una persona muy formal, no metas de pronto un montón de emoticonos. Intenta encontrar un estilo propio con el que te sientas cómod@. **¡Sé tú!** Tus mensajes tienen que transmitir tu personalidad. En mi caso, no me pegaría escribir sin emoticonos, pues intento ser una persona espontánea y coloquial (por si no te has dado cuenta).

- A veces, cuando me vienen a pedir ayuda para alguna causa solidaria o para conseguir un empleo o lo que sea, le digo a la persona: «Mira, escríbeme un mail donde me expliques lo que me acabas de decir y se lo reenviaré a algunos amigos». De esta forma, la persona se encarga de explicar lo que quiere, no se pierde información importante y sólo tengo que reenviar su mensaje. Explícale a la persona que es por este motivo, no porque te la quieres quitar de en medio. Se trata de ser eficaz y preciso. Ah, y dile que sea escueta y trate de captar con pocas palabras la atención de los posibles interlocutores.
- Dicta tus mails al móvil. Los iPhone tienen a Siri, que se ha hecho muy popular, pero todas las marcas tienen su propio asistente con reconocimiento de voz. Dictando puedes mandar más mensajes en menos tiempo, porque vas más rápido. Si no lo has

usado nunca, para un momento aquí y pruébalo. ¡Verás lo bien que va!

- Si utilizas el reconocimiento de voz para escribir mensajes y no tienes tiempo de repasarlos, di al final algo así como: «Este mensaje está dictado. Si algo está mal, es culpa de Siri (o el asistente que utilices), que es muy mala persona y me tiene manía».

Como yo dicto casi todos los mails, he puesto este mensaje en mi firma de correo, así que sale automáticamente en todos los mensajes que envío. Los errores ortográficos o gramaticales se pasan por alto, lo importante es comunicarse. El verdadero error sería no contactar con otros por miedo a expresarte mal o cometer faltas de ortografía.

miniTRUCOS para el whatsapp (o cualquier otra app de mensajería)

- **Hay que mirar a los ojos de las personas, pero cuando no las tienes delante, lo más parecido a sus ojos es su foto del whatsapp.** Fíjate en la foto, dice mucho de ellas. Dime cómo es tu avatar y te diré cómo estás. Abre la foto y amplíala. Podrás ver sus carencias, sus miedos, sus deseos, sus aspiraciones, etc. Pero no lo hagas para saber por dónde atacarla, sino para encontrar por dónde amarla.

- Mirar la foto es una manera de conocerse y estrechar vínculos. Por ejemplo, si sale esquiando, ya sabes que le gusta el esquí y probablemente también la naturaleza, que es una persona activa, etcétera.
- Fíjate también en el estado. Algunos son muy crípticos, pero otros son muy claros. Hay veces en que los dos miembros de una pareja se enfadan y cambian el estado y en realidad se están enviando

mensajes cifrados uno a otro. Entonces hablo con uno y con el otro y alucinan de que entienda tan bien cómo están. Y pienso: «Simplemente he leído vuestro estado del whatsapp».

- Cuando estés en un grupo y alguien conocido cumpla años, felicítalo también por allí. Eso provocará que otros miembros del grupo lo feliciten también.

- NO reenvíes mensajes para felicitar la Navidad ni envíes el mismo mensaje a todos tus contactos. Queda cutre. La amistad no se clona. Hay que enviar mensajes personalizados. Haz las cosas bien o no las hagas. Si te resulta un sacrificio, prueba a imaginarte a cada persona recibiendo tu mensaje. Hay que sacar tiempo de donde sea para las personas y las relaciones. Es maravilloso que la tecnología nos recuerde las fechas de cumpleaños, pero luego tenemos que personalizar las felicitaciones. Con las personas no se puede funcionar en automático. No somos robots.
- Lo que sí puedes hacer, si tienes que enviar muchas felicitaciones en Navidad o Año Nuevo (como yo, que envío más de dos mil), es grabar y enviar un vídeo divertido y a ser posible con un mensaje positivo. Que se note que te has ilusionado con la felicitación. Eso sí, procura que no «pese» mucho, que no a todo el mundo le sobran los megas en el móvil.
- Si creas un grupo de whatsapp, que sea con una utilidad real y concreta. Deja bien claro en el nombre el objetivo del grupo e invita sólo a aquellos que realmente puedan estar interesados. Además, indica que es un grupo SÓLO para ese tema (por ejemplo, para una fiesta de cumpleaños o un viaje) y que está prohibido poner cosas personales, vídeos cachondos, etc. Si lo consideras necesario, añade una advertencia: «El que haga un mal uso será expulsado por cansino». Así evitarás que algunas personas realmente interesadas abandonen el grupo por culpa de las desconsideradas.

- Cuidado con crear grupos de antiguos alumnos del colegio o de la universidad. Ten en cuenta que ya no sois las mismas personas ni tenéis los mismos intereses. Si intentas unir a personas que no tienen los mismos tiempos ni las mismas inquietudes, pueden acabar surgiendo roces. Es mucho mejor un bonito recuerdo que un horrible presente.
- El whatsapp te permite cosas tan alucinantes como montar una cena en la otra punta del mundo sin estar tú allí. Te explico un caso real: un amigo fue a México a dirigir una orquesta y como coincidía que por las mismas fechas había otros amigos míos allí creé un grupo de whatsapp llamado, sencillamente, «Cena en México». Los invité y los fui presentando para que supieran quién era cada uno, porque no se conocían entre sí. Finalmente quedaron y me enviaron una foto de la cena. Sólo me faltó reservar el restaurante y pagar la cuenta. Así que ya ves: se puede organizar una cena a miles de kilómetros de personas que no se conocen entre sí, conectarlas y posicionarlas. ¿No te parece maravilloso?
- El mal uso o el abuso del whatsapp puede generar ansiedad. Por ejemplo, cuando envías un mensaje y estás pendiente todo el tiempo de si la otra persona te responde. Si haces eso, o si miras cuándo se ha conectado por última vez y te enfadas porque no te ha contestado, tienes un problema. Por eso, te aconsejo quitar el doble *check*, porque estar pendiente de si la otra persona se conecta o no te hace esclavo del 2.0. Envía tus mensajes y ya llegará la respuesta.

miniTRUCOS para las redes sociales

EXPLORA

- Antes de ir a ver a alguien con quien tengas una cita profesional, métete en su LinkedIn. Esto es obligatorio. Quien no lo haga, ¡suspendido! ☺ LinkedIn te da la posibilidad de hacer una búsqueda muy precisa de personas. Echando un vistazo rápido a su perfil puedes ver los contactos en común, las empresas en las que ha trabajado, dónde ha estudiado, sus temas de interés... Toda la información necesaria para encontrar puntos en común y temas de conversación. Entrar en una reunión o evento social sabiendo que tu interlocutor estudió en tu mismo colegio o universidad, o que trabajó en el pasado en una empresa admirada por ti, o que habla alemán, francés e inglés, te da pie a iniciar una conversación en una dimensión más profunda.

- Lo mismo puedes hacer con Facebook. Aquí verás lo que te une con tu interlocutor a nivel personal. Si su perfil es público, verás si tenéis amigos o conocidos comunes y descubrirás que alguien que creías un desconocido está más cerca de ti de lo que pensabas. Podrás conocer sus aficiones, lugares visitados, familia, etc. Esto te dará pie a entablar una conversación informal y establecer los primeros vínculos.
- Dedica un rato a mirar el *timeline* de tus amigos. Facebook e Instagram, por ejemplo, te darán muchas pistas sobre cómo están.
- Activa las notificaciones para enterarte de cuándo determinados amigos o conocidos publican algo. Si alguno comparte algo importante en su vida, bueno o malo, no pierdas la oportunidad de interesarte por su estado. Un nacimiento, el cumpleaños de sus hijos o un viaje romántico.
- ¡Me encantan las alertas de Facebook! ¡Es genial que alguien te sople los cumpleaños de tus amigos para que no se te pase ni uno! Lo que hago, si no lo tengo ya, es incorporar la fecha a mi agenda para el año siguiente. En LinkedIn también hay alertas, pero en el terreno profesional. Úsalo para dar la enhorabuena a tus contactos por un nuevo trabajo, o porque han ascendido laboralmente. Seguro que te lo agradecen.
- Sobre todo, tanto en lo personal como en lo profesional, haz contactos de calidad. Y aquí me pongo serio. No compres seguidores en Twitter ni Instagram; y no trates de impresionar con una cifra muy alta de seguidores. Lo importante no es la cantidad, sino la

calidad. Lo importante es cultivar los que tengas para generar vínculos y que pasen cosas interesantes. Sumar contactos por el mero hecho de sumar es como ir a una reunión, repartir tarjetas de visita a todo el mundo y marcharte sin hablar con nadie. ¿No es absurdo? **Lo que realmente hace valiosa una red es la calidad y profundidad de las relaciones.** ¿Recomendarías acaso a alguien que apenas conoces para hacer negocios con personas de tu confianza? ¿Facilitarías una entrevista de trabajo con un profesional del que no sabes si es íntegro y competente? ¿De qué te sirve entonces (salvo que sea tu profesión, claro) tener un gran número de contactos de los que apenas sabes algo más que su nombre? Las redes sociales 2.0 (en internet) no son tan diferentes de las redes sociales 1.0.

CONECTA

- Actúa como conector y genera oportunidades a tus contactos a través de tus redes sociales. Algún día harán lo mismo por ti. Ponte en situación: tienes como amigo en Facebook un diseñador *freelance* que acaba de publicar una serie de ilustraciones originales. De otra parte, sabes que un contacto tuyo está rediseñando la identidad de su marca corporativa. Menciona a este contacto en la publicación del diseñador y recomiéndale echar un ojo a su trabajo. Estarás ayudando a que ambos se conecten y puedan hacer negocios.
- Si, por ejemplo, participas en una discusión o temática en LinkedIn o Twitter que puede interesar a alguno de tus amigos, menciónalo para que le llegue una alerta. Puede que tu amigo empiece a hablar con el autor de la publicación y descubran que tienen intereses profesionales o personales en común.
- Cuando publiques una foto de un grupo en Facebook o Instagram, etiquétalos a todos. De esta manera, les llegará una notificación y podrán hacerse amigos entre sí o conectar profesionalmente.

INTERACTÚA

- Cada red nos proporciona sus propias herramientas. Por ejemplo, Facebook tiene (de momento) seis tipos de reacciones a una publicación. Te puede gustar, encantar, divertir, asombrar, entristecer o enojar. Como ves, tienes para elegir. Lo importante es que, indiques lo que indiques, sea porque ese contenido te provoca una reacción verdadera. Actúa con sinceridad, igual que lo haces fuera de internet.
- La interacción con los demás en las redes sociales denota un interés hacia ellos, si sólo te dedicas a ti mismo, puedes caer en el riesgo de mostrarte como alguien prepotente y egocéntrico. Es como si en una conversación sólo hablas tú y no escuchas a los demás. Tú no eres así, ¿verdad? Pues no muestres en redes sociales lo que no eres en el mundo 1.0.
- No sólo podemos reaccionar dando un *like* en Facebook o en una foto de Instagram, o marcando como favorito un *tweet*. También podemos conversar. Comentar las publicaciones de tus contactos o amigos debe ser un acto, nuevamente, sincero. Recuerda que estamos hablando de mostrar interés hacia los demás, no de exhibirte. No de escribir para que lo lean los demás. Si crees que algo sólo debe leerlo la persona indicada, no dudes en mandarle un mensaje privado o contactar con ella por otros canales.
- Al igual que las 1.0, las comunicaciones 2.0 han de ser bidireccionales. Cuando te hagan un comentario en tus perfiles sociales, contesta siempre, agradece que esa persona te haya dedicado su tiempo. Puedes escribir, usar emoticonos, *stickers* o pequeños gifs si no tienes tiempo de crear una respuesta elaborada. ¡Cuesta muy poco ser amable! Y, como sabes, es de bien nacidos ser agradecidos. Si un usuario empieza a seguirte, agradécelo también. Un «gracias» siempre es bienvenido. Hacer grandes a los demás te engrandece a ti.
- Es importante saber que cada medio social tiene un tiempo de respuesta más o menos estándar: una llamada o un whatsapp, el mismo día; un comentario o mensaje en Facebook, de un día para otro (a menos que recibas muchos); un mensaje en LinkedIn, una

semana; etc. Si contestas mucho más tarde de lo normal, di que se te ha olvidado o que no has podido. La educación es importante tanto dentro como fuera de internet.

MUÉSTRATE

- Todo el contenido que publicas o compartes en las redes dice mucho sobre quién eres. Si alguien que no te conoce se mete en tu perfil, se hará una idea de cómo eres por lo que compartes o reflejas. Sé fiel a ti mismo para no transmitir una imagen errónea... ¡Y cuidado con el tipo de información que subes a tu muro!
- El marketing tradicional no funciona en las redes sociales. Si tu marca o negocio está en las redes, adapta tu discurso. Puedes vender, pero sin publicitar directamente. Puedes publicar contenido que aporte algo a tu público de interés y que tenga que ver con tu especialidad. Por ejemplo, en un restaurante, si tienen una nueva carta, pueden publicar una bonita foto del nuevo plato, pero no una tarjeta del restaurante. Quedaría feo.
- Cuando compartas una alegría, hazlo porque realmente te apetece transmitir alegría a los demás, no para generar envidias o para alardear.
- Si un contenido te parece relevante, ¡compártelo! Pero no te pases con la frecuencia de publicación. Cada red social tiene su dinámica. En Twitter, por ejemplo, puedes publicar tranquilamente más de una vez al día, ya que dada la rotación y actualización permanente es muy poco probable que todos tus *followers* vean tus contenidos (a no ser que entren en tu perfil). En Facebook, en cambio, hay que ser más conservador. Casi todos tenemos un amig@ cansin@ que llena tu muro con mil publicaciones... En Instagram tienes más margen, pero intenta no ser monotemático y alternar los *selfies* con otro tipo de fotos.
- Además puedes aprovechar las funcionalidades de Stories en Instagram y puedes realizar publicaciones menos trascendentes y vídeos que se autodestruyen a las 24 horas. Aprovéchalo para mostrar tu capacidad de comunicación e improvisación.

miniTRUCO

Y como todo esto va cambiando muy rápido, busca asesoramiento cuando lo necesites. Como siempre digo, lo más importante no es saber, sino tener el teléfono del que sabe... ¡y que descuelgue cuando lo llamas! 

Resumen del capítulo 8: Sacar el máximo partido a la tecnología

Utiliza la tecnología para conectarte de verdad con los demás. **Las personas no están para rellenar minutos, sino para llenar la vida.**

Utiliza las redes para compartir, no para presumir.

Lo importante no es la cantidad de contactos, sino la relación que mantengas con ellos.

Contesta siempre. Hay que ser educado tanto en las relaciones 1.0 como en las 2.0.

ENRIQUECER Y COMPARTIR TU AGENDA

«Las mayores puertas hacia el éxito no son puerta. Son personas.»

ANXO PÉREZ, fundador de 8Belts,
escritor y conferenciante.

«Como profesional, el *know how* es muy importante, pero quizás tan importante o más, lo es el *know who.*»

ENRIC LLADÓ, consultor
en comunicación y cambio para empresas.

«Los amigos y los clientes son como el IVA: ni para ti ni para mí.»

MIGUEL SOSA, escritor.

EL TAMAÑO IMPORTA (PERO POCO)

Hay quien dice: «Yo sólo tengo dos amigos, pero los quiero y me preocupo de verdad por ellos». Lo lanzan como si su opción fuera la buena, como si no se pudiera tener muchos amigos y quererlos igual. Es lo mismo que si dijeran: «Yo sólo corro un kilómetro, pero lo disfruto de la leche». ¿Qué pasa, que no se pueden correr diez kilómetros y disfrutarlos? ¿Acaso no ves más paisajes? ¿No será que tienes miedo a relacionarte? ¡Sal de tu cascarón! ¡No te limites! Hay muchas personas que van por la vida con la barrera puesta y van chocando con las demás. Si es tu caso, levanta la barrera, no pongas peajes. Verás que no te pasa nada malo. Al contrario: ¡te pasarán muchas cosas buenas!

Sea lo que sea lo que buscas, no te lo van a traer a casa. Tienes que moverte, abrirte, exponerte, arriesgarte. Buscar y conocer a otras personas. No necesariamente muchas, pero probablemente más de las que conoces ahora.

Eso sí, sumar por sumar es absurdo. Para que tu agenda tenga profundidad, pregunta a los demás y moléstate en conocerlos. Si sólo hablas de ti y no demuestras ningún interés por los otros, tal vez tengas una red muy extensa, pero será muy pobre.

SÁCALE BRILLO A TU AGENDA

Te ofrezco a continuación una serie de miniTRUCOS que me han funcionado para enriquecer mi agenda:

- Al final del día o principios del día siguiente (lo antes posible), vuelca en la agenda del móvil los datos de los nuevos contactos que has conocido. No hace falta que pongas todos los detalles: aplica el sentido común.
- Si puedes, añade la foto del contacto o enlázalo con Facebook, LinkedIn u otra red social que lo permita, lo que te proporcionará imágenes y otras informaciones de la persona (como la fecha de su cumpleaños: ¡importante!). Lo de la foto es útil sobre todo cuando tienes una agenda muy grande, pues puedes tener dos o más personas con el mismo nombre y apellido, y si no tienes foto quizás no logres saber quién es quién.
- Ojo, nunca pongas las etiquetas en el apellido. Por ejemplo, no pongas «Pedro Fontanero». Busca su apellido o anota que es «fontanero» en profesión. Su apellido es importante. Y además de fontanero es muchas otras cosas.
- Otro truco que te permiten las nuevas tecnologías es poner etiquetas en los contactos, ya sea en el momento de archivarlos o más adelante (es preferible hacerlo cuando los grabas, después se te puede olvidar). Es un trabajo arduo, sobre todo si tienes una agenda con miles de contactos. Por eso, no te pases poniendo etiquetas. Elige las 4 o 5 más importantes: soltero, alpinismo, +25 años, moda, solidaridad, actor, oncólogo, etc. Se trata de etiquetar a tus contactos con un buen propósito: para encontrarlos cuando sea necesario y unirlos con otras personas afines. Es sólo una simplifica-

ción práctica, pues las personas somos mucho más complejas.

- A mí me resulta útil «colocar» mentalmente a las personas en diferentes espacios o universos. Por ejemplo, conozco a alguien y mentalmente lo sitúo en el universo de «los que buscan trabajo», «los que se acaban de separar», «los inversores inmobiliarios», etc. Y así me resulta más fácil conectarlos con mis intereses y con los intereses de otras personas que conozco.
- Incorpora al contacto su web y, a ser posible, un *link* a un vídeo de YouTube donde aparezca la persona o que te recuerde a ella. (Si pinta, por ejemplo, pon un vídeo de una exposición suya; si da charlas, una participación en algún evento; si es humorista, un monólogo, etc.) De esta forma, cuando lo compartas, enviarás también algo bueno de esa persona junto con sus datos, algo que la posiciona, que habla bien de ella. Como somos muy cotillas, el que recibe el contacto lo verá y de entrada ya tendrá una información positiva e interesante sobre la persona.
- Apunta también el lugar donde lo conociste o la persona que te lo presentó: «presentado por Fulanita» o «Ibiza2007». Éste es un truco, como diría un adolescente, un poco «pro», pero no es difícil y te puede ayudar. Puedes añadir el lugar y la fecha de la siguiente manera: octubre16, noviembre 14mallorca, ibizaverano15, etc. Así te resultará más fácil hacer búsquedas y agrupaciones. Si usas espacios, el buscador te devolverá resultados para

varias palabras. Si lo escribes junto, buscarás una sola etiqueta.

- Anota, si lo sabes, el nombre de la mujer, el marido, la pareja, los hijos, la secretaria, etc. Todo eso da profundidad a tu agenda. Gracias a la tecnología no es necesario que lo tengas todo en la cabeza (que da para lo que da).
- Procura conseguir siempre que puedas el número de móvil de tus contactos, especialmente de los que más te interesen. El móvil es el nuevo DNI. Si quieres tener «fichado» a alguien, necesitas su DNI, o sea, su móvil. Por la misma razón, es importante que tengas cuidado y no le des el tuyo a cualquiera, sólo a aquellas personas que te presenten o conozcas en un entorno seguro. También es fundamental el correo personal, además del profesional, pues eso te servirá para mantener el contacto si la persona cambia de trabajo.
- También es útil anotar sus usuarios en las redes sociales, aunque si tienes el nombre completo puedes buscarlos en la propia aplicación.
- Si un contacto cambia de empresa, pon la nueva, pero no borres la antigua. Si antes tenías REPSOL, pon ex REPSOL. No sé si también te pasa a ti, pero yo a veces recuerdo con más facilidad la empresa en la que trabajaba la persona cuando la conocí.
- Puede que un día te escriba un tal Javier Sánchez y tengas tres contactos con el mismo nombre anotados en la agenda, y además a dos de ellos ni siquiera los recuerdes. En esos casos ayudan mucho (además de la foto, como ya hemos dicho) las eti-

quetas que pones cuando grabas un contacto nuevo. Si a pesar de todo te escribe el tal Javier Sánchez y no logras saber quién es, ni siquiera mirando la foto de su whatsapp, reconoce con humildad que no te acuerdas de él y pídele alguna pista.

- Para facilitar la búsqueda de contactos te recomiendo que vincules tu agenda a tu Facebook y tu LinkedIn. Hay quien no lo hace por el escrúpulo de que estas empresas puedan tener acceso a sus contactos. Esto es bastante absurdo. En Facebook tienen muchas cosas que hacer antes que perseguirnos para robarnos nuestros contactos... No nos creamos tan importantes, porque no lo somos. En lugar de eso, utilicemos la tecnología para nuestro beneficio.
- Si puedes permitírtelo, busca a alguien que te eche una mano para mantener actualizada tu agenda de contactos y para completarla con datos e imágenes que te falten. La mayor parte de esa información se puede encontrar en internet. Invierte en ello, es una inversión muy rentable.
- Identifica en tu red de contactos a los «conectores» o *linkers* (o sea, los que tienen a su vez muchos contactos y se prodigan en las relaciones). Te pueden llevar hasta otras personas que quieras conocer. Cuídalos especialmente. Dedícales el mismo cariño que a todos, pero un poco más de tiempo. Suelen ser «generosos de agenda».
- Procura también tener en tu agenda personas muy válidas en su ámbito para que te ayuden a crecer profesional y personalmente.

PASA LA «ITA»

Al menos una vez al año haz una limpieza a fondo y una puesta a punto de tu agenda de contactos. O sea, sométela a una «ITA»: inspección técnica de agendas.

Puedes aprovechar las felicitaciones de Navidad para actualizarla, aunque lo ideal es refrescar la agenda con más frecuencia.

Aprovecha para quitar aquellos contactos que por algún motivo han desaparecido de tu vida, los que reiteradamente no han contestado tus llamadas o tus mensajes, los que te han hecho alguna trastada, etc. A lo mejor no tienen interés en mantener el contacto contigo. No los critiques, simplemente suprímelos de la agenda para no molestarlos y para hacer sitio (simbólicamente hablando) a otros amigos y contactos.

Quita también a todos aquellos que te caigan mal. **Cada vez tu tiempo vale más porque te queda menos**, por tanto no dejes espacio y tiempo en tu vida para los *non gratos*, los que no aportan y los que tienen mal karma. Quítalos, porque te están contaminando la agenda. Son como un virus: hay que erradicarlos antes de que infecten al resto de contactos y se expandan por tu vida. Y si los conservas, como advertencia para no cogerles el teléfono, márcalos de alguna manera, así los diferencias.

Aprovecha también esta puesta al día para añadir o cambiar etiquetas. Puede que tengas a alguien etiquetado como «Ibiza15» (porque lo conociste en Ibiza en el 2015), pero resulta que luego lo has tratado más y también le gusta cantar, es aficionado al surf, su padre es médico, etc. Aprovecha para añadir estas etiquetas.

A medida que repases la agenda para ponerla en orden, observa qué ha pasado durante el último año con cada persona: si ha cambiado de trabajo, si se ha mudado, si ha tenido un hijo... Comprueba si tienes su fecha de cumpleaños o la fecha en que se casó para felicitarlo, al menos con los que tengas una amistad o una relación más cercana. Aunque al principio puede parecer mucho trabajo, luego sólo hay que mantenerlo y se convierte en algo divertido, porque te das cuenta de la evolución de las personas (¡y ves si te estás quedando atrás!). Una agenda refleja la vida, que siempre evoluciona.

Puede que estés pensando: «Estoy siempre ocupadísimo/a. No tengo tiempo de poner etiquetas ni de revisar mi agenda». Vale, lo acepto, pero entonces no me cuentes que te has pasado dos horas mirando una película aburrida o perdiendo el tiempo con cualquier tontería, porque entonces no me creeré que para ti son importantes las relaciones sociales. Dedicar tiempo al *networking*, insisto, es una buena inversión. Te cambiará la vida a mejor.

miniTRUCO

Si en una conversación oyes la fecha de cumpleaños de alguien: apúntatela en la agenda. Aprovecha la información que te facilitan en cualquier momento para enriquecer lo que sabes de las personas de tu agenda. No es por cotillear, sino por practicar la escucha e interesarte de verdad por lo que les pasa a los demás. Podrás comunicarte mejor con ellos (tendrás «enlaces de comunicación»).

COMPARTE TU AGENDA

Mi *big data* es parte de mi patrimonio. Es «mi tesoro», como diría el Gollum de *El Señor de los Anillos*. Tengo un montón de buenos amigos y una agenda con muchos y variados contactos, así que de alguna forma se podría decir que soy rico. Y como me gusta compartir mi riqueza, también comparto mi *big data*.

Ya conoces mi filosofía de vida: «Dar sin esperar. Recibir y recordar». Así que, sin ánimo de evangelizarte ni de convertirte al *ciprismo*, te animo a que seas generoso con lo que tengas, incluida tu agenda. Eso sí, compártela sólo con las buenas personas, pues las malas podrían usarla para hacer el mal. Y no queremos eso, ¿verdad?

Siempre que compartes un contacto, compartes algo muy grande: un trozo de ti. Si utilizas tus recursos para sumar, al final recogerás bondad y bienestar: ¡es una ley universal! Si un amigo, pongamos por caso, te dice que le duele la espalda desde hace un mes y que ha ido a un fisioterapeuta y sigue igual, pásale el contacto del tuyo (si estás contento, claro). Pero no te limites a pasarle el contacto, que eso probablemente ya lo haces. Envíale también un mensaje a tu amigo el traumatólogo diciéndole que le llamará tal persona que es de tal manera y que le duele tal cosa. Así, tras esta presentación previa, cuando llegue a la consulta lo atenderá mejor. Para ti es sólo un *whatsapp*, pero para el amigo dolorido es magia. ¿Qué te cuesta enviar ese mensaje? ¿Dos minutos? Nada. Y esa nada es grandeza para el otro.

Lo mismo cuando se trata de apoyar causas solidarias. ¿Te imaginas la fuerza que tendríamos como ciudadanos si compartiéramos nuestras agendas para hacer el bien?

miniTRUCO

Cuando le pases a alguien un contacto de tu agenda, revisa las etiquetas para que no haya ningún problema. No vaya a ser que pongas: «Del Barça, no soporta a los merengues», y que el otro sea del Real Madrid. O cosas peores. Para evitar esto, cuando se trate de etiquetas personales, puedes ponerlas en el apartado de notas, pues cuando envías a alguien un contacto las notas no le llegan.

Resumen del capítulo 9: Enriquecer y compartir tu agenda

Añade continuamente nuevos contactos a tu agenda y nuevos datos a los contactos que ya tienes. Se trata de mejorar tu red, sobre todo en calidad.

Enriquece los contactos con páginas web, fotos, fechas de cumpleaños o aniversarios, etiquetas, *links*, notas, etc. Algún día te pueden resultar muy útiles.

Al menos una vez al año haz limpieza. Elimina los que ya no te aporten o te caigan mal. Aprovecha también para actualizar los datos y añadir nuevas etiquetas. Navidad o verano pueden ser buenos momentos.

Comparte tu agenda. Eso sí, compártela con la buena gente, con los que actúan para hacer el bien. No les pongas las cosas fáciles a los malos.

HUIR DE LA GENTE TÓXICA

«Dime a quién admiras y te diré en quién te convertirás. Mira bien con quién te relacionas, porque sólo de ello dependerá tu éxito.»

LUIS ÁLVAREZ,
productor teatral y empresario.

«*Networking* es invertir energía escuchando y preguntando para entender cómo podemos crear y aportar valor. *Networking* NO es conseguir contactos, sino SEMBRAR RELACIONES. Es rodearse de buena gente para contagiar generosidad y dar alas a la solidaridad. *Networking* es mi vida y tu vida».

EUPREPIO PADULA,
consejero delegado de Padula&Partners.

«Amor, esperanza y optimismo son tus herramientas vitales. Rodéate de quienes las potencien, lejos de quienes tratan de aniquilarlas. Con voluntad y constancia no hay nada que el ser humano se proponga y no consiga.»

IRENE VILLA, escritora y conferenciante.

EL *BUENISMO* TIENE UN LÍMITE

Como habrás notado, mi mensaje a lo largo de todo el libro es: **relaciónate desde el corazón y con empatía, siembra el bien a tu alrededor y lo demás vendrá por añadidura**. Es un mensaje en el que creo de verdad, pero no soy tan inocente como para pensar que sembrando el bien siempre recogerás el bien. Todo tiene un límite, incluso la bondad.

Por desgracia todos tenemos a nuestro alrededor personas egoístas, avariciosas, ruines, soberbias, envidiosas, narcisistas y manipuladoras. En una palabra: ¡tóxicas! Huye de ellas. Sácalas de tu red o, a ser posible, no las dejes entrar. No te van a aportar nada bueno y posiblemente te harán perder tiempo y energía (y puede que incluso dinero y salud). No pierdas el tiempo odiándolas. Incluso el hecho de odiarlas te creará un vínculo con ellas y te quitará energía. Por eso es mejor apartarlas de tu vida.

También están los que directamente podríamos calificar como «malos». La televisión los presenta muchas veces como más inteligentes y glamurosos que los «buenos», con lo cual le hace un mal favor a la sociedad. Invitado por la policía, suelo dar charlas a chavales sobre la droga y la noche y veo cómo les influye eso: creen que los malos son los triunfadores y el miedo les hace admirarlos. Les explico que se equivocan, que los héroes no son los que se drogan, sino los que luchan cada día para evitar que millones de jóvenes caigan en este veneno y que unos pocos se hagan millonarios a su costa. Que la belleza está en ayudar y apoyar al más débil de la clase, no en hacerle *bullying*; en respetar las leyes, no en quemar un contenedor ni en circular a toda velocidad por la carretera poniendo en riesgo su vida y la de otros. Soy consciente de que muchas veces predico en el desierto, de que hasta que nuestra sociedad no otorgue más relevancia a los valores y dibuje a los buenos como buenos y a los malos como malos, los chavales tampoco van a cambiar. Pero con uno o dos que se lo tomen en serio y reflexionen sobre el tema me doy por satisfecho.

En realidad, la mayoría de los malos no son tan malos. Si te fijas, detrás de su maldad siempre encuentras algún miedo. **La maldad sirve para disfrazar miedos.** El problema es cuando pagan sus miedos contigo. Si ya les has dado una oportunidad (o varias, depende de ti) de crecer y mejorar, no puedes hacer más. Sólo puedes ayudarlos dejándolos a un lado. Tal vez la soledad les haga ver las cosas de otra manera.

Jamás hagas negocios ni te relaciones profesionalmente con estos «malos». Por ejemplo, con alguien que no respeta ni cuida a sus padres y a sus hijos. O que trata mal a su pareja. Alguien que hace eso, no se respeta a sí mismo. Tampoco el que desacredita o el que hace humor a costa de los otros. Ése tiene un problema muy grande: que no se aguanta frente al espejo. Por el contrario, las buenas personas se pueden mirar al espejo sin problemas, porque ven reflejado lo que dan a los demás.

GALERÍA DE SERES EVITABLES

A continuación voy a enumerar y a describir algunos personajes que procuro mantener lejos, al menos de mi círculo más cercano. Porque el tiempo es limitado y prefiero pasarlo rodeado de buena gente, de personas que me aporten, no que me expriman y me agoten.

Si después de leer las siguientes descripciones identificas a alguno de ellos, ¡aléjate! Si te identificas tú, tranquilo, siempre estás a tiempo de mejorar.

El *couchinista*

Cada vez hay más gente que quiere subirse a un atril, o incluso tener su propio atril. Un amigo me dijo hace poco: «Quiero montar un negocio». Y le dije: «Monta una fábrica de atriles. Te forrarás».

En realidad, al *couchinista* (palabra inventada que viene de *coach*) no le hace falta ni público, sólo quiere estar en el escenario y hablar. Ni siquiera le importa si lo escuchas o no. Hemos creado un mundo donde hay más lenguas que orejas. Dentro de poco los *couchinistas* tendrán que pagar a la gente para que los escuche, en vez de al revés, como pasa ahora.

Los *couchinistas* son «cazadores de orejas». Les das igual porque lo que les interesa de ti es tu oreja. Te sueltan su rollo y encima te cobran.

El *couchinista*, también conocido como *vendebú* (de «vendeburras»), te cuenta historias que no ha vivido y te da lecciones que todavía no ha aprendido. Las ha leído en algún sitio y hace como que sabe, pero no habla desde la experiencia. No habla con sentimiento, con verdad, por eso no llega a la gente. No basta con comunicar bien, hay que vivir lo que uno predica.

Cuando voy a una charla sobre emprendedores, por ejemplo, le pregunto al ponente: «¿Cuántas empresas has montado?». Y depende de lo que me conteste me lo creo o no. Me inspiran muy poca confianza los *couchinistas* que asesoran sobre cómo montar o gestionar un negocio cuando nunca han tenido uno.

El *milibrista*

Hay *couchinistas* que escriben un libro y luego se lo tienen que aprender para contarlo, porque no se lo creen, no lo viven. Entonces se convierten en *milibristas*, o sea, en *couchinistas* que vayan donde vayan y estén con quien estén acaban hablando de «mi libro». Espero no caer en eso, y si caigo, dímelo, por favor. Ayúdame a ser mejor y no perderme.

El *opineitor*

Es uno o una que opina de todo y normalmente no sabe de nada. Da igual que esté en una cena o en un plató de televisión. Sale un tema y opina como si fuera un experto. Sobre fútbol: opina. Sobre política: opina. Sobre egiptología: opina. Sobre el plancton: opina. Sobre física cuántica: opina como si trabajara en un acelerador de partículas. Sobre la circulación en tu ciudad: es el que más sabe del mundo mundial y lo arreglaría todo en dos patadas. Sobre accidentes aéreos: tiene un primo que ha hecho un curso de piloto y, por supuesto, también opina. ¡Dios! Es la tontería a la enésima potencia. Le encanta escucharse a sí mismo. Parece que hablen «al peso»: les han comprado 300 kilos de palabras y tienen que soltarlas, lo demás les da igual.

La mayoría de *opineitors* son hinchas, o sea, que además de opinar de lo que les echen, lo hacen a grito pelado y faltando el respeto cada vez que abren la boca. ¡Cuánto daño hace el *tertulianismo* sin currículum!

El *alabeitor*

Estamos tan acostumbrados a la hipocresía, a mentir para agradar, que no nos damos cuenta del mal que hacemos y que nos hacemos. Eso le pasa al *alabeitor*: se dedica a halagar a quien cree que le conviene diciéndole lo bueno que es y lo bien que lo hace todo.

Hay que alejarse de este espécimen. Porque si alguien te dice todo el tiempo lo guapo o lo bueno que eres, al final a lo mejor te lo crees y dejas de verte de verdad. El ego es muy malo, pero todavía son peores los que lo alimentan. Porque al final viene la realidad, que es implacable, y te pone en tu sitio. Te han estado diciendo durante mucho tiempo que sabes nadar y te lo has creído, pero se hunde el barco y te ahogas, porque no era verdad. Es mejor rodearte de personas que te digan las cosas de verdad, aunque duelan. Personas sinceras y honestas, que si te dicen «¡qué bien conduces!» sea verdad, porque si no, un día irás de sobrado y te estrellarás.

El *avari*

Uno de los grandes problemas que tiene la economía capitalista son los «bancos de sangre». ¿Qué son los bancos de sangre? Suiza, las islas Seychelles... ¿Para qué quieres tener sangre en Suiza, si no la puedes usar? Eso es lo que hace el *avari*: en lugar de invertir, de realimentar el sistema, esconde la sangre en algún sitio y la va acumulando «por si acaso». Entonces el cuerpo se va debilitando. Se debilita el capitalismo.

Si se sacara todo el dinero que hay en los paraísos fiscales y se pusiera a circular, habría para todo el mundo. Porque hay dinero y posibilidades para todos, lo que pasa es que unos pocos que tienen muchísimo, lo esconden y no lo ponen a trabajar. Esto es un pecado. El dinero es sangre y tiene que circular por el cuerpo. Puedes tener un pequeño colchón, pero no una fábrica de colchones. ¿Para qué quieres tantos colchones si sólo puedes dormir en uno?

Por tanto, si tienes dinero, compártelo, ponlo a circular. Muévelo, genera riqueza. Porque si generas riqueza, la riqueza volverá a ti. Y no te centres en lo material. Los objetos no devuelven abrazos (prueba a abrazar un Ferrari).

El *palmero*

Hay personas en política que están haciendo cosas válidas, pero otros sólo están ahí para aparentar y llevarse la pasta. Eran los últimos de la clase y ahora van de listillos. ¿Cómo hemos podido dejar que nos representen los últimos de la clase? El problema no es sólo de ellos y de su ética, sino también de aquellos que los aplauden, los *palmeros*. Los aplauden porque salen en la tele y son famosos. Se hacen fotos con ellos y las cuelgan en su Facebook y en su Instagram. Es normal que algunos se crean el no va más, porque van por la calle y la gente los aplaude.

Hay que decir las cosas claras, no sólo a los políticos, a todo el mundo. Con educación, con afán de construir, pero con claridad. Aplaude sólo si los admiras de verdad, porque si no estás siendo hipócrita y alimentando su ego. No olvides que las empresas, los partidos políticos y las organizaciones en general sólo son una cosa: la suma de personas. El mundo es la suma de personas.

El *sobrao*

Es aquel o aquella que va exhibiendo su poder (en forma de dinero, músculos, culo perfecto, cargo, etc.), sobre todo en los gimnasios y en los despachos. A los del gimnasio los tengo muy calados. Cuando veo uno, le digo: «¿Tú conoces el método burka de entrenamiento? Te iría muy bien». Y me pregunta: «Ah, ¿sí? ¿Y cómo es?». «Mira, te compras un burka, te lo pones, te colocas también unas gafas de sol para que se te vea aún menos y te entrenas a tope. Porque ya sabemos que estás bien, no hace falta que te pavonees y nos recuerdes constantemente lo fuerte que estás comparado con los demás.»

El medallista

Aquel que va corriendo a ponerse la medalla. Aquel que siempre está recordándote que te presentó a Fulanito o que te hizo tal favor. Lo que le importa es la medalla, el triunfo, sacar algún provecho. No se da cuenta que el triunfo es un bien común de la empresa y de un equipo. Lo conocerás porque camina encorvado, de tantas medallas que lleva en la pechera.

Resumen del capítulo 10: Huir de la gente tóxica

Identifica a aquellas personas que no sólo no aportan nada a tu vida, sino que te restan. Y huye de ellas. Quítatelas de en medio rápidamente. Son ladronas de energía.

Ten cuidado, porque hay quienes se disfrazan de buenas personas y son tóxicas. Tienes que identificarlas a tiempo, antes de que contaminen tu vida.

RODEARTE DE BUENA GENTE

«No es el *qué*, sino el *con quién*.»

Pilar Rubio,
presentadora de televisión.

«Hay dos tipos de personas. Qué bonito que tú estés entre las que dejan huella y no entre las que pisan.»

Dani Rovira, actor.

«Comparte tu tiempo con la gente que te ayuda a hacer el mundo más positivo y sencillo, más alegre, mejor. Aprende de ella y enseña al resto.»

Juanjo Fraile,
fundador de Talentya y Vivlium.

GALERÍA DE SERES ADORABLES

Después de ver mi particular catálogo de personajes a evitar, para compensar vamos a ver algunos seres adorables. A estos sí debes tenerlos en tu vida. Y no sólo eso: también cuidarlos y protegerlos como el tesoro valiosísimo que son.

Mi consejo en este apartado es claro: si quieres tener una buena red emocional, procura rodearte de buena gente, de personas de confianza. Una persona de confianza es aquella con la que no tienes que hacer un papel ni simular ser quien no eres, con la que puedes estar relajado y cómodo, sin miedo a equivocarte o a decir algo que no toca. Sé que esto es muy obvio, simplemente te lo recuerdo para que no se te pierda en el día a día.

Rodéate de gente que te haga mejor persona, de personas que te quieran. Porque los que te quieren te hacen mejor (si no es así, no te quieren de verdad). Esto es *networking* sostenible y rentable. **Las buenas personas siempre se rodean de buenas personas y tienen una buena agenda.**

Y dicho esto, aquí está mi pequeña galería de seres adorables:

Los valientes

Si llegara un extraterrestre y se pusiera a ver la tele llegaría a la conclusión de que los héroes de hoy día son los que quedan bien en pantalla, independientemente de que hayan hecho algo de valor en su vida. Son los que venden exclusivas y llenan horas de telebasura y de *youtubebasura*. ¡Qué horror! ¡Esos NO son héroes! Los héroes de verdad son los valientes que se atreven a amar y a demostrarlo. El que devuelve una cartera es un valiente, el que no tiene miedo a decir «te quiero» es un valiente, el padre y la madre que salen todos los días a trabajar por sus hijos son unos valientes. Y las madres son heroínas, tanto que merecen un capítulo aparte.

Las madres

Las madres son el sentido común con patas. Una madre es capaz de quitarte toda la tontería con una sola frase. Un día comí con el por entonces rey de España, Don Juan Carlos, una persona que me impactó por su capacidad de comunicación y por sus conocimientos.

Al acabar, todavía emocionado, llamé a mi madre:

—¡Mamá, mamá, ¿sabes con quién he comido hoy?!

—¿Con quién, hijo?

—Con el Rey Don Juan Carlos.

Y mi madre dijo:

—¿Y qué has comido?

¡Toma lección! De golpe se acabaron el rey, el *networking* y la tontería. Lo importante, lo verdaderamente importante para ella, era si me había alimentado bien.

¡Qué grande!

Y es que el amor de una madre es lo más grande del mundo.

No te alejes de las personas que te dicen la verdad y te ponen en tu sitio. Eso es impagable.

Los superhéroes y las superheroínas

Cuando estás tirado en una camilla y ves el techo y los fluorescentes, estás jodido. Entonces aparecen unos superhéroes y unas superheroínas vestidos de blanco (o de verde: tienen un fondo de armario muy completo).

Personas que te escuchan, que se hacen cargo de parte de tu mochila, de tu enfermedad, y te ayudan a llevarla cuando más pesa. Los profesionales de la sanidad son para mí los auténticos superhéroes, no esos que sacan en los medios haciendo cualquier tontería. El problema es que sólo los vemos como tales cuando estamos tumbados mirando el techo, cuando estamos mal y vemos cómo nos cuidan. Pero cuando recuperamos la verticalidad nos olvidamos de ellos. Somos unos desagradecidos.

Hay algo que puedes hacer de vez en cuando y que te aconsejo: vuelve a un hospital donde te cuidaron (o cuidaron de alguien querido) sólo para saludar y dar un abrazo a todos aquellos que conociste. Porque en realidad no son superhéroes: son seres humanos que conviven con la muerte y que agradecen, justamente por eso, que les demos un pedacito de nuestra vida.

Hay muchos más superhéroes y superheroínas: los voluntarios de las ONG, las fuerzas del orden público, los científicos, los que se preocupan por salvar a los animales, los que luchan por salvar el planeta, etc. Son personas que trabajan en los problemas de todos y hacen nuestro mundo mejor y más seguro. Habría que dedicarles un libro entero. De hecho, ya estoy pensando en ello: mi próximo libro pondrá el foco en estos héroes y hablará de la importancia de la solidaridad.

**Resumen del capítulo 11:
Rodearte de buena gente**

Júntate con los buenos y aparta a los malos de tu vida. No temas ser bueno. Ser bueno es más *cool* que ser malo. Todo esto te puede parecer muy obvio o muy naif, pero muchas veces lo sencillo se nos olvida. Sólo trato de recordártelo.

Cuida y protege a los que se lo merecen: hijos, padres, hermanos, amigos, etc. Y a todos aquellos que alguna vez también te cuidan y te protegen: los *superhéroes* y las *superheroínas* (policías, bomberos, científicos, profesionales de la sanidad, etcétera).

VENCER LA TIMIDEZ

«No creo en islas solitarias. Abandone el cocotero, expóngase, avance en la vida de la mano de amigos y familia. Cuide a su gente. ¡Crecerá!»

JUAN FORNIELES,
subdirector de *El Mundo.*

«Vibrar, reír, amar, conversar, sentir... Lo mejor de esta vida sucede cuando lo compartimos con alguien. Ése es mi tesoro. Ése es nuestro tesoro.»

JESÚS VEGA, *speaker* y *business angel.*

«Si quieres aprender, ponte el reto de enseñar a los demás.»

BERTA MERELLES ARTIÑANO,
directora de Formación y Desarrollo
del Banco Santander.

LO QUE TE PIERDES

Conozco a algunas personas que dicen que son tímidas. De ellas, unas cuantas lo dicen por pose, pero otras sienten verdadera vergüenza a la hora de entablar una conversación con otros, y más aún de intimar. ¿Es tu caso? Pues voy a tratar de ayudarte a vencer esa timidez. De lo contrario no podrás tejer una red propia de contactos y amigos que te enriquezca en todos los sentidos. Y, por tanto, no te servirá de gran cosa este libro.

En primer lugar, déjame preguntarte: ¿eres tímido/a con todo el mundo o cuando estás con la familia y los amigos te sueltas y hablas por los codos? Porque si es lo segundo, no tienes ningún problema. Tan sólo se trata de regular tu flujo comunicativo, tanto de entrada como de salida. Por algún motivo tienes miedo a mostrarte y a dejar que los demás te conozcan. Puede ser por inseguridad, desconfianza, miedo al rechazo, etc. En definitiva, por miedo. O por comodidad, porque te encuentras cómodo/a en la timidez. O por una mezcla de ambas cosas.

Pero para tener más oportunidades de aprovechar este regalo único que es la vida tienes que salir de tu zona de confort. O sea, vencer el miedo y la pereza. Refugiarte en tu timidez puede darte cierta seguridad, pero una vida en la que todo sea seguridad es una vida cerrada, acabada. O sea, no es en realidad una vida.

¿Has pensado en todo lo que te vas a perder si no superas el miedo y/o la pereza?

PAISAJES 3D

Las personas no somos una postal, sino un paisaje en 3D. Para verlas bien hay que entrar en ellas, recorrerlas, mirarlas desde diferentes ángulos, explorarlas. Si uno quiere ver los paisajes de Nueva Zelanda necesita dinero, pero visitar los paisajes de las miles de personas que nos rodean es totalmente gratuito. ¿Por qué no los vas a conocer? No hace falta ser rico para disfrutar de un millón de vivencias. Sólo hay que salir de la coraza, tocar y dejarse tocar. Como en *El Caballero de la Armadura Oxidada*, esa sencilla pero certera fábula del escritor estadounidense Robert Fisher.

Romper la armadura puede dar miedo o incluso resultar un poco doloroso al principio, pero es como cuando vas al dentista: el beneficio justifica el dolor. Si quieres una vida mejor, tienes que romper el cascarón y exponerte a las inclemencias de la vida. Te llevarás alguna desilusión, claro, pero eso forma parte del juego.

En cualquier caso, te tienes que poner a ello. No basta con leer este libro ni cualquier otro. Tienes que dar pasos, aunque sean pequeños.

NADA IMPORTANTE ESTÁ EN PELIGRO

Ese primer paso tiene que ser desdramatizar, sacar el humor y darte cuenta de que, en el fondo, **nada importante está en peligro**. A muchos amigos los animo a que se pongan esta frase en el salvapantallas del móvil o del portátil. Los invito a escribirla en un papel de su puño y letra, hacerle una foto y ponerla de fondo de pantalla. Te animo a que lo hagas tú también. El móvil es lo que más miras, te lo recordará a menudo.

El objetivo es que te relajes, que te sacudas la presión y la autoexigencia. Porque si te miras en el conjunto del universo, lo que te pasa es menos que nada. ¿O acaso crees que el universo está pendiente de ti, de tus palabras, de tus preocupaciones y desgracias, de tus miedos?

Cuando vives bajo presión estás pendiente de no meter la pata, de no decir una palabra mal dicha, de no «cagarla», estás tenso y generas tensión a tu alrededor. Por el contrario, cuando te relajas, tratas mejor a los demás y la gente quiere estar cerca de ti.

Para adquirir confianza tienes que hacer lo mismo que harías para superar cualquier miedo: enfrentarte a eso que tanto temes y darte cuenta de que las consecuencias son mínimas o inexistentes. ¿Qué hay de malo en que un día te presentes a alguien en una fiesta y no le caigas bien? ¿O que no sepas de qué hablar y la conversación dure dos minutos? ¿Qué gran tragedia es que en una reunión sueltes una broma y no haga gracia? ¿O que invites a cenar a una persona que te gusta y te ponga una excusa? Habrá más fiestas, más conversaciones, más reuniones y más cenas. Y, sobre todo, más personas. Es evidente que no puedes congeniar ni llevarte bien con todo el mundo. De lo que se trata es de que no te pierdas, por miedo o por pereza, las cosas maravillosas que algunas personas pueden aportar a tu vida.

ARRIESGA CON LA AMISTAD

A todos nos gusta tener amigos, pero para que sean de verdad tenemos que abrirnos. Y no todo el mundo está dispuesto a hacerlo. ¿Por qué? Porque la amistad conlleva riesgos. Una amistad sin riesgo no vale nada. El riesgo consiste en decirle a tu amigo lo que piensas de verdad y que no le guste. O al revés: que lo que te digan no te guste. Pero hay que hacerlo, porque eso forma parte de la amistad. Un amigo o amiga tiene que ser una persona de confianza. Tienes que poder ser tú con esa persona. Y si surgen problemas, hay que intentar arreglarlos.

La sociedad de la inmediatez en la que vivimos está perjudicando las relaciones de verdad. Pensamos que es más barato cambiar de amigos que arreglarnos con ellos, como si fueran un reloj o una chaqueta. Hay que aprender a zurcir los descosidos. Un pantalón vaquero te sienta mejor con el tiempo. Hay que buscar más amistades, pero no para sustituir a las que ya tienes, sino para alternarlas, para crear distintos equipos en función de las circunstancias. Las relaciones personales son muy importantes y no nos educan lo suficiente en ello. Y muchas personas se acaban sintiendo solas.

La soledad enferma. Lo dicen los científicos que estudian las enfermedades psiquiátricas. **La sensación de soledad y de aislamiento trastoca a las personas. Por el contrario, si estás rodeado de amigos te sientes más seguro/a.** Tienes un equipo. Si tienes amigos, tienes confianza en la vida. No estás en modo de miedo, alerta y supervivencia, sino tranquilo y confiado. Eso te relaja y sacas lo mejor de ti. Cuando mi amigo Jesús

Vega (@JesusVega_) puso en marcha la aplicación FeelDreams (@Feeldreams_), destinada a ayudar a cumplir sueños y hacer más felices a las personas, una de las primeras peticiones que recibió fue la de un joven que soñaba con tener amigos. Y es que apoyarse en otras personas es una necesidad fundamental del ser humano.

CÓMO HACER AMIGOS

Hay un dicho popular español que reza: el que quiera peces, que se moje el culo. Y así es la cosa: si no te implicas, si no haces el esfuerzo de mostrarte y salir de tu cascarón, no «pescarás» nuevos amigos. Un buen «caladero» son los eventos sociales de todo tipo, desde reuniones de empresa hasta fiestas de cumpleaños, pasando por presentaciones de libros, inauguraciones de exposiciones, etc. Cuando asistas a alguno de ellos, pide a algún amigo que te presente a otros o acércate a alguien que te suene de vista y preséntate. Habla con esa persona; luego os acercáis a otra y la saludáis. Si conoces a dos o más asistentes, preséntalos. Porque si tú presentas a alguien, ese alguien te presentará a otro, y luego tú podrás presentarle ese otro a alguien más. Así es como se genera una dinámica de buen rollo. **Los amigos hay que «compartirlos». Nadie te los robará, porque las personas no somos de nadie.**

A lo mejor dirás: «Pero ¡qué corte! ¿Cómo voy a entrarle a alguien que no conozco y hablarle sin más?». Pues te explicaré un secreto: muchas personas que van a actos públicos, a un local de ocio o a cualquier otro lugar de encuentro entre personas están deseando que alguien se acerque para conversar. Así que lánzate, que hay agua. No va a pasar nada malo. **Recuerda: nada importante está en peligro.** Tienes mucho que ganar y nada que perder.

VOLVER A SER NIÑOS

En mi caso a veces soy un poco descarado, lo reconozco, pero mejor eso que quedarse en una esquina con una copa de vino en la mano y una sonrisa bobalicona en la cara. Los niños son geniales para esto, son unos maestros. Van a una boda, conocen a otros niños, empiezan a jugar y se convierten en un momento en amigos inseparables. Y cuando se acaba la boda, los padres se los llevan a casa y a lo mejor no se vuelven a ver más, pero han compartido aquel momento y lo han disfrutado juntos como si no hubiera un mañana. Tenemos que ser otra vez niños. Tenemos que quitarnos capas de tontería y volver a la pureza de cuando sólo esperábamos pasarlo bien con otros niños. **Volver a lo importante: comunicarte, relacionarte y ser feliz.** ¡Vamos, vamos!

Aplica el buen rollo también a los viajes. Hay gente capaz de hacerse un Barcelona-Singapur en avión sin decirle ni hola al de al lado. Seguro que no es tu caso, pero hay quien lo hace. Y yo les diría: ¿Por qué no le saludas y le preguntas cómo se llama y a qué se dedica? ¡Vas a pasar doce horas a su lado y a lo mejor hasta vas a dormir hombro con hombro! Si la persona no quiere hablar, ya te lo hará saber de alguna manera. Pero ¿y si resulta que trabaja en algo que te interesa y empezáis a hablar y es un o una *crack* en lo suyo y os hacéis amigos y acabáis colaborando en un proyecto superinteresante?

No sería la primera ni la última vez que pasa. **Las oportunidades están por todas partes, ¡no dejes que se escapen!**

En el avión hay muchas formas de entablar conversación. Por ejemplo, yo siempre me llevo revistas-gancho y las comparto. ¿Por qué no ofrecérselas a otros? No se van a gastar. Y te pueden servir para romper el hielo.

El viaje será más ameno si tienes con quién compartirlo. Y eso vale para todos los viajes.

miniTRUCO

Elimina esta frase de tu mente: «Hay que tener amigos hasta en el infierno». Porque no hay que tener amigos en el infierno. Ni siquiera hay que acercarse al infierno. Eso es una manera de justificar que tienes amigos malos. ¿Crees que tienes que bajar al infierno para hacer amistades? ¿No hay suficientes personas aquí? Pues un viaje que te ahorras.

Resumen del capítulo 12: Vencer la timidez

No te pierdas las oportunidades de la vida por miedo o pereza. La timidez, en última instancia, es una elección que nos da seguridad, pero nos impide crecer.

Si quieres tener amigos-compañeros tienes que mojarte. Ábrete, muéstrate: asume el riesgo, pues alguien alguna vez te decepcionará. Eso forma parte de la amistad.

Comparte la amistad. Nadie va a quitarte a un amigo. Las personas no somos de nadie.

APRENDER A REÍRTE DE TI MISMO

«Con humor al complejo vencí,
cómo ser un imperfecto feliz aprendí,
y con alegría, amistad, esfuerzo e ilusión
se vieron mis textos reflejados en cada canción.»

JUAN MANUEL *el Langui*, actor y cantante.

«Mirar de dentro afuera, con la certeza de que te das de verdad. La respuesta del otro no importa: no esperes aplauso, haz lo que debas.»

JUAN RAMÓN LUCAS, periodista.

«Comunicar no es lo que dices, es la impresión que otros sacan de lo que haces. La coherencia es tu mejor aliado.»

NOELIA ATANCE, periodista.

EL SUFRIMIENTO NO APORTA NADA

Hay personas que siempre van envueltas en un manto de sufrimiento y queja. Les preguntas cómo están y siempre tienen alguna desgracia que contarte, viven en el «quejismo». Y al final eso cansa, porque aunque a la mayoría nos gusta ayudar al prójimo, hay prójimos que son muy cansinos.

Espero que no seas así, pero por si acaso te diré que exhibir tu sufrimiento no te ayudará a mejorar tus relaciones sociales, más bien al contrario. Tal vez generes un poco de compasión al principio, pero si insistes en revolcarte en el sufrimiento acabarás generando rechazo.

Algunas personas se instalan en el sufrimiento y se sienten cómodas allí, aunque digan lo contrario, porque tienen un motivo de conversación y los demás las miran con pena y las tratan con cariño y les dicen «pobrecitas». Pero cuando le cuentas tres desgracias a la misma persona, ya no te escucha. Y a la cuarta piensa: qué cansino es este tío. ¡Y tiene razón! Entonces, en el mejor de los casos, te das cuenta e intentas salir de tu dinámica de queja, pero estás tan metido en ella que cuando te levantas te hundes todavía más. Y entras en bucle.

La solución pasa por responderte a estas preguntas: ¿Qué me aporta el sufrimiento? ¿En qué me ayuda? Te adelanto la respuesta: en nada. Absolutamente en nada. Deja de lamentarte, porque son minutos que le robas a la vida y que puedes aprovechar para aprender y avanzar. Tu problema a lo mejor no tiene solución y va a estar siempre ahí, pero por lo menos coge distancia y procura disfrutar de lo bueno.

En resumen: del dolor se aprende, pero si te quedas en él y te revuelcas, se convierte en sufrimiento. Y el sufrimiento no aporta nada.

RÍETE DE TU TONTERÍA

Siempre vamos disfrazados de algo. En realidad, **el único día que no es carnaval es el día de carnaval**. El resto de días vamos por el mundo dentro de un disfraz. Por ejemplo, hay mujeres que se maquillan en exceso porque tienen miedo de que las vean mayores, hombres que se disfrazan con un coche potente porque tienen miedo de sentirse rechazados si se muestran sin gadgets, etc. Y no digamos los que van contando por ahí que les acaba de llamar tal famoso o que acaban de pasar por una *boutique* para comprarse un Versace. ¡Estamos llenos de tonterías! Y a lo tonto a lo tonto, sin darnos cuenta, nos vamos acomodando en la tontería, y somos los únicos que no la vemos.

Ni tú ni yo somos seres iluminados, nos queda mucho trabajo por hacer. Pero al menos podemos ser conscientes de nuestra tontería y reírnos de ella. Durante una época compré un montón de libros de eso que llaman crecimiento personal, especialmente sobre el funcionamiento de la mente, la meditación, la paz interior, etc. Cuando los tenía en casa, los miraba y me sentía bien. Muchas veces los compraba porque sólo con eso ya tenía la sensación de que estaba en búsqueda del conocimiento, estaba «trabajando», avanzando. El problema es que había que leerlos y entenderlos. ¡Y practicarlos! Me leí muchos, pero de ahí a entenderlos y practicarlos...

Un día, de repente, choqué con *Las Siete Leyes Espirituales del Éxito*, de Deepak Chopra, que estaba en mi biblioteca. No es ni mejor ni peor que otros, pero fue el que me motivó en aquel momento, así que empecé a leerlo otra vez. Y ahí me di cuenta de que me podría haber ahorrado cien libros, porque allí estaba todo. Y entendí también algo más importante: hasta ese momento había estado en la tontería, porque quería hacer como que buscaba pero mi «ventana» no estaba abierta. Como decían en *Kung Fu*, una serie de televisión de los ochenta: cuando el discípulo está preparado, aparece el maestro.

Descubrí también que el conocimiento es como los numeritos de un candado: todos son útiles, pero sólo algunos lo abren. De repente, un día sientes que estás preparado, bajas la barrera y se produce el milagro. Se abre el candado y entiendes que la esencia es sólo una: el bien. No tiene más. Y entonces te despojas de todas tus tonterías y de todos tus disfraces.

miniTRUCO

Intenta reírte siempre que puedas de tus problemas y de tus *neuras*. Es muy saludable reírse de uno mismo y relativizar la importancia de las cosas que nos pasan. El ejercicio de reírte de ti hace que aparques el ego y te abras más a los demás. No te tomes tan en serio.

PROBLEMAS VERTICALES Y HORIZONTALES

Me ayuda mucho dibujar las cosas, representarlas gráficamente, para entenderlas mejor. Por eso, cuando pienso en problemas siempre me pregunto si son verticales u horizontales. Los verticales pueden ser importantes, incluso graves, pero son llevaderos, porque puedes caminar, moverte y buscar soluciones. Lo jodido es cuando estás tumbado en una camilla, o sea, en horizontal; cuando ves fluorescentes y dependes de un señor o una señora de blanco o de verde. Ahí sí que estás mal. Tu problema está en manos de otros.

Por tanto, cuando tengas un problema, pregúntate: ¿es un problema vertical u horizontal? Y si es vertical, deja de quejarte y busca cómo solucionarlo. ¡Muévete! Eres afortunado. La solución depende sólo de tu actitud.

Si te hace falta, busca ayuda. No busques consuelo, busca apoyo para encontrar soluciones. Si te has preocupado de tejer una buena red, si has dedicado tiempo a tu *networking*, sin duda tendrás cerca personas que te ayudarán cuando lo necesites.

NO PIERDAS UN AMIGO POR QUERER TENER LA RAZÓN

Nuestra tontería y nuestro ego nos llevan a veces a discutir con un amigo, un compañero de trabajo o un socio por querer tener la razón. Más de una amistad se ha roto por una mala respuesta en una discusión o por la obstinación de querer salir como «ganador». Pero si se rompe el vínculo, sea el que sea, todos pierden.

Si te encuentras un día en medio de una discusión fuerte, frena y deja que las cosas se enfríen. A lo mejor, cuando se enfríen, te das cuenta de que el otro también tiene parte de razón. O no, pero ¿qué prefieres, tener un amigo o llevar la razón? ¿Cuánto vale un amigo? ¿Cuánto cuesta conseguirlo? Valóralo.

De entrada, la actitud en una reunión o una entrevista o una charla de cualquier tipo tiene que ser constructiva. Lo importante es crear y, a ser posible, divertirse creando. Pero si chocamos contra un muro (o si nos convertimos en un muro sin darnos cuenta), lo mejor es dejar a un lado el orgullo y cambiar de tema y de tono. Si a pesar de eso la otra persona insiste en discutir, dale la razón. Si la tiene, perfecto, y si no, ¿qué más da? Más vale aprovechar el tiempo en otras cosas, no en discutir o luchar para llevarse el gato al agua, como suele decirse.

La lucha por llevar la razón ha generado muchas separaciones de familias, jefes, compañeros... ¡Incluso guerras! **Pero la razón no debe estar por encima del bien, de la amistad y de la generosidad.**

En una discusión, no gana el que tiene la razón, gana el que tiene más amor. Y para ayudarte a demostrarlo, aquí te regalo el emoticono #TeDoyLaRazón. Cuando en una discusión veas que la amistad o el compañerismo pueden verse afectados, hazle una foto con el móvil al emoticono de la página siguiente y envíaselo por whatsapp a tu amigo/a. Le demostrarás que te importa mucho más su amistad que llevar la razón. Y ahí se acabará el problema.

#TeDoyLaRazón

Lo importante no es tener la razón, sino tenerte en mi vida.

#ElLibroDelNetworking

Resumen del capítulo 13: Aprender a reírte de ti mismo

El sufrimiento no aporta nada, así que deja de revolcarte en él. No intentes dar pena a los demás. A lo mejor al principio te harán caso por humanidad, pero al final se cansarán y huirán.

Ríete de tus problemas y de todo, porque en el fondo nada importante está en peligro.

Si tu problema es vertical, deja de quejarte y busca una solución. No busques consuelo, busca ayuda para solucionarlo.

Y, sobre todo, no pierdas un amigo o una amiga por querer tener la razón. Cuando te encuentres solo/a con tu razón, no tendrás quien te abrace.

SER SINCERO Y CLARO CON LOS DEMÁS

«Confiar, escuchar y aprender cada día de tu equipo. Siempre saben más que tú. Apoyarles y animarles a hacer siempre lo mejor para la empresa, a sentirnos orgullosos y satisfechos del trabajo bien hecho. Disfruto trabajando en equipo. Sumamos exponencialmente, siempre.»

María José Hidalgo,
directora general de Globalia.

«De todos los aciertos y errores trabajando en la empresa familiar, me quedo con un consejo de mi padre que se resume en trabajar rodeado de personas que reúnan las cuatro haches: honradez, humanidad, humildad y humor.»

Jacobo Cosmen, presidente de ALSA.

SINCERIDAD

Todos nos vemos en los demás. Por eso, si los demás no nos dicen lo que ven, podemos vivir toda la vida en la ignorancia más absoluta. Podemos vivir, por ejemplo, pensando que somos excelentes personas porque nadie se ha molestado en decirnos cómo nos ve de verdad. Los demás son nuestro espejo y si no nos dejan mirarnos en él, no sabemos lo que somos ni cómo somos.

Por eso, si piensas que alguien actúa mal, díselo. Con cariño o con humor, pero díselo. En mi caso, por poner el ejemplo que me viene más a mano, tengo tendencia a usar la muletilla «¿me entiendes?» al final de las frases, cuando lo adecuado, por respecto al interlocutor, es «¿me explico?». Pues hasta que mi Alfonso González Aguilar (@alfonsofilm) me lo corrigió, no fui consciente de que lo hacía (¿me entiendes?).

Si alguien, por ejemplo, te rectifica la pronunciación de una palabra, no te pongas a la defensiva. No discutas, no pierdas el tiempo, porque los que discuten en realidad son los egos. Es mucho más fácil y rápido dar las gracias: «Gracias, esto me hace mejor». A mí me corrigen algunas palabras inglesas, como «crofandin». Vienen y me dicen: «Cipri, es *crowdfunding*». Y yo: «Ah, vale». Porque no pasa nada si te equivocas. En la comunicación con las personas, en las relaciones del día a día, estas cosas nos engrandecen.

ATRÉVETE A DECIR LAS COSAS

Por tanto, sé honesto, pero no sólo por ti, también por los demás. Si no les decimos la verdad, no crecerán, no mejorarán. Te contaré el caso de un consejero delegado de una gran compañía. Un día me fijé en que metía una rodilla hacia dentro. Me acerqué y le dije: «Perdona, ¿has visto que al caminar pones una rodilla hacia dentro?». Se me quedó mirando de una manera extraña y me explicó: «Mira, el otro día estuve en el médico porque tengo una lesión grave en la cadera. Me hizo pruebas y me dijo que el problema venía de la rodilla, de que andaba metiendo la rodilla, y que seguramente me he pasado un montón de años caminando mal. Tengo casi sesenta y nunca nadie me había dicho nada. He corrido, he hecho maratones... y nadie me lo había dicho. Lo peor es que cuando le expliqué a la gente de mi entorno lo de la lesión en la cadera y lo de la rodilla, muchos me dijeron: "Pues yo lo había visto". ¡Hasta mi mujer lo había visto! Si me lo hubieran dicho, ahora no tendría este problema en la cadera. Con unas plantillas se habría solucionado. Eso me hizo pensar en la de veces que he debido de cometer errores y tampoco me lo han dicho». Y me dio un abrazo.

A él no le decían las cosas porque supuestamente era una persona muy importante. Ni siquiera su mujer se había atrevido a advertírselo. Pero nos puede pasar a todos, por un motivo u otro. Si somos conscientes de que hacemos algo mal, podemos decidir si lo corregimos o no, pero si no lo somos, la cosa irá cada vez a peor. Es como si un amigo tuyo fuma y no le dices nada y un día le diagnostican un cáncer de pulmón y vas y sueltas: «La de veces que pensé en decirte que lo dejaras». ¡Pues muy mal! ¡Hay que decírselo ahora! No hace falta que se lo repitas cada cinco minutos, claro, pero recuérdaselo de vez en cuando. A lo mejor le molesta, pero le molestará más ir a quimioterapia o morirse. Porque si hay algo científicamente probado es que fumar mata.

Si escuchas, mejorarás. Si eres sincero, ayudarás a mejorar.

miniTRUCO

Cuando te despidas de alguien, no digas aquello de «bueno, nos vemos», o «a ver si quedamos». Eso demuestra muy pocas ganas de quedar realmente con la otra persona, de volver a verla. No es sincero y se nota. Si realmente quieres verla o quedar con ella, coge la agenda y concreta. O di algo como «mañana te llamo y quedamos sin falta». Y al día siguiente, hazlo.

TU YO DE DÍA Y TU YO DE NOCHE

Durante el día, muchas personas van por ahí con máscara y disfraz. O sea, interpretando un papel que no se corresponde con su yo de verdad. Cuando cae el sol, en cambio, tienden a desinhibirse y mostrar su cara más auténtica. Algunos de ellos son directores o trabajan en un banco o en cualquier otro lugar de cara al público y se pasan el día simulando ser lo que no son. Van con su corbata (real o figurada) y piensan que deben mantener su teatrillo. Y por la noche bailan, se ríen y son ellos mismos.

Cuanto menor sea la diferencia entre tu yo de día disfrazado y tu yo de noche relajado, más feliz serás y mejores relaciones construirás (empezando por la relación contigo mismo/a). No es necesario mentir ni poner siempre una sonrisa falsa para llevarse bien con los demás. Es mucho mejor decir la verdad, con respeto, con humor, sin faltar, procurando que a la otra persona no le siente mal e intentando ayudar, pero la verdad. Porque en la vida no creces si no dices la verdad —la tuya, claro—, ya sea a tu jefe, a tu pareja, a tu familia, a tus amigos o a quien sea. Sólo se crece desde la honestidad, con respeto y educación, pero con la verdad por delante.

Si haces una tortilla de patatas y te sale mal y todo el mundo te dice «qué buena está la tortilla», no te están ayudando. Al contrario, demuestran que les importas tres pepinos. Te ayuda más el que te dice: «Oye, para mi gusto la tortilla no está buena. Yo la haría así y así». No sólo da su opinión, sino que también te cuenta su receta; o sea, te da una solución. Ése es el que te interesa, porque se está preocupando por ti, te está dedicando su tiempo y te está transmitiendo sus conocimientos. Dale las gracias, pues está siendo generoso contigo.

Los platos de nuestros restaurantes, por ejemplo, son mejores gracias a las opiniones de nuestros clientes. Un día viene uno y dice: «Oye, ¿y si le pones un poco más de guindilla?». Y luego viene otro y sugiere: «¿Y si lo salteas un poco menos, que las verduras queden más crujientes?». Tenemos excelentes cocineros, pero la opinión de nuestros clientes es lo que al final importa, porque si ellos no están contentos, no hay restaurante. La suma de sus opiniones nos ayuda a crear platos mejores.

Esto es así, también, con el resto de mis negocios. El cliente te hace grande compartiendo contigo su experiencia y su conocimiento. Escúchale.

Resumen del capítulo 14:
Ser sincero y claro con los demás

Di las cosas con honestidad y claridad. Eso sí, con respeto, sin faltar y, a ser posible, con humor.

No dejes de decir a un amigo algo que crees importante para su salud o para vuestra relación. Corres el riesgo de que no le guste, pero si no se lo dices, no eres un verdadero amigo-compañero.

Sé sincero con los demás, los ayudarás a crecer. Y pide a los demás que lo sean contigo.

Algunas personas viven simulando ser lo que no son. Pero desde la mentira no se logran verdaderos vínculos ni se puede hacer un buen *networking*. Ni negocios sólidos y basados en la verdad.

DAR LAS GRACIAS

«Hay palabras mágicas que son como llaves: abren puertas y corazones. Una de ellas es "gracias". Pronúnciala a menudo y verás cómo se despliega ante ti un mundo de infinitas posibilidades.»

JOSEP LÓPEZ, escritor y *coach*.

«Si en vez de dar importancia a lo que nos falta, valoramos y nos sentimos agradecidos y afortunados por lo que sí tenemos, nuestra respuesta a la pregunta "¿eres feliz?" será un gran "SÍ".»

LARY LEÓN,
Fundación Atresmedia. Escritora.

«La generosidad nace de dentro, pero se puede educar. Y tiene el mayor de los premios: nadie es más querido que el que da sin esperar nada a cambio.»

PEPE VILCHES MORAGA,
director de marketing
de Campofrío Food Group Europa.

LA PALABRA MÁGICA

La palabra «gracias» es corta, sencilla y existe en todos los idiomas del mundo. Además, es mágica, pues es una llave que abre casi todas las puertas. Eso sí, cuando la pronuncias desde el corazón, no desde la especulación o la desgana.

Crecí escuchando la frase «es de bien nacidos ser agradecidos», y con el tiempo me he ido reafirmando en ella, sobre todo porque veo los efectos positivos que produce el agradecimiento en las personas. Cada vez tengo más claro lo importante que es mostrar gratitud CON TODO EL MUNDO: con tus padres y con tus amigos, por supuesto, pero también con el que te sirve el café, con el que te lleva en taxi, con tus vecinos (con los buenos y con los malos, porque si eres agradecido a lo mejor los malos acaban siendo buenos), etc. Y con la vida en general.

El primer beneficio de ser agradecido es que te sientes mejor y más en paz con la vida, que al final es lo más importante. Además, tu relación con los demás mejora exponencialmente, pues todo el mundo sale ganando. Es lo que los ejecutivos llaman un *win-win*: obtiene beneficio el que agradece, pues se siente mejor, y el que recibe el agradecimiento, pues se ve reconocido. De rebote, sale ganando la sociedad y, si me apuras, hasta la humanidad.

Hay quienes no dan las gracias porque creen que se hacen de menos, o que son los demás los que tienen que dárselas a ellos. El mundo está lleno de prepotentes, pero incluso a ellos tenemos que darles las gracias, porque nos enseñan lo que no queremos ser.

SIMPLEMENTE HAZLO

Así que esta última clave es muy sencilla: da las gracias.

Si alguien tiene una atención contigo, por pequeña que sea, agradécesela. Si alguien te ayuda, te felicita o simplemente se acuerda de ti, también. Incluso si lo hace como parte de su trabajo, como el camarero que te sirve una bebida o la doctora que te atiende.

Puedes hacerlo *in situ* o *a posteriori*, de viva voz o por escrito, formal o informalmente... Como quieras, pero hazlo. Simplemente hazlo.

No esperes a que te hagan un gran favor para ser agradecido/a. Hazlo, por ejemplo, siempre que alguien comparta un pedacito de su conocimiento contigo: cuando te enseñe un ejercicio en el gimnasio, cuando te recomiende una película, cuando comparta un vídeo gracioso o enriquecedor, etc. La tecnología, además, te lo pone muy fácil: puedes llamar, enviar un *whatsapp*, mandar un mail...

Da igual qué tecnología uses. Da igual si lo haces con un fijo, un móvil o un ordenador. Lo importante es que tengas ese detalle, esa atención con la otra persona. Que muestres que te importa. Que le digas «gracias» de corazón. Cuesta muy poco y vale mucho.

Ah, y siempre que puedas personaliza los regalos, que la persona que lo reciba sienta que has pensado realmente en ella, que no lo haces por cumplir. Porque cuando haces un regalo, incluso el papel de envolver se impregna de tu intención y de tu ilusión.

miniTRUCO

Si quieres mostrar agradecimiento a alguien con un regalo, piensa en algún amigo o amiga que tenga una tienda o haga collares o algo así. En mi caso, regalo muchos budas tallados en madera hechos por unos amigos que siempre han estado a mi lado: Iván y Juanjo (orienteyoccidente.com). Así, con el regalo, beneficio tanto al que lo recibe como al que lo vende.

ESTAR CERCA

Una forma de agradecimiento es estar cerca cuando un amigo te necesita. Por ejemplo, cuando se separa, le despiden, etc. O cuando se le muere un familiar. En este caso, hay que ir al funeral o al entierro, sí o sí. No vale aquella excusa de «es que a mí no me gustan los entierros». Si alguien me dice esto, le contesto: «Vaya, qué raro, eres la primera persona que conozco a la que no le gustan los entierros...».

Aquí no importa lo que a ti te gusta o te deja de gustar, sino que esa persona que forma parte de tu vida (amigo/a, compañero/a de trabajo, etc.) estará triste y tú vas a ir a darle un abrazo y a hacer acto de presencia. A estar ahí, a su lado, que es lo que hacen los amigos en estas ocasiones. Porque un abrazo bien dado vale millones. No hay mejor consuelo que un abrazo y una mirada de apoyo.

En los entierros también se aprende a amar más la

vida. Y a apreciar las relaciones por encima de los objetos. Porque, como dice el actor Denzel Washington, nunca verás un coche fúnebre seguido por un camión de mudanzas. Cuando alguien se va no se lleva nada material. Sólo el aprecio de los que le quisieron. Ojalá que este libro te ayude a ser más consciente de esto.

Último miniTRUCO

Busca en tu agenda cinco personas a las que aprecies mucho y que hayan hecho algo por ti. Envíales un sencillo mensaje: «Gracias por [...]. Te quiero». Fíjate en sus respuestas y en la magia que surge de este simple gesto.

Resumen del capítulo 15:
Dar las gracias

Da las gracias siempre que puedas, en persona, por teléfono o por mail; con palabras, con abrazos o con regalos.

Las personas más grandes son también las más agradecidas.

AGRADECIMIENTOS

Y como digo que hay que ser agradecido, voy a predicar con el ejemplo.

En primer lugar, gracias a mis padres, que me inculcaron los valores de la humildad y la solidaridad. Dedico especialmente este libro a la memoria de mi padre.

Gracias especialmente a todos y cada uno mis amigos: a vosotros os debo casi todo lo que soy. Tengo la inmensa fortuna de teneros en mi vida, de poder abrazaros y aprender cada día un poco de vosotros. Haría falta un libro entero para agradeceros a cada uno lo que me aportáis, pero como no es posible por una cuestión de espacio lo resumiré en dos palabras llenas de sentimiento y verdad: «Os quiero».

Gracias también a los que me permitís sumar en vuestra causa, porque me hacéis mejor persona. Como muestra de mi agradecimiento, donaré el cien por cien de los derechos de autor del libro a tres organizaciones de tres personas maravillosas a las que considero grandes héroes: el Padre Ángel (@padre.angel), Irene Villa (@_ire nevilla_) y Sandra Ibarra (@sandra_moti).

Gracias a Roger Domingo (@rogerdomingo), mi editor, por confiar en mí y en este libro, y a Josep López (@joseplopezcoaching), por acompañarme durante el proceso con su profesionalidad y cariño. Y también a Miguel Sosa (@sosamig), que me ayudó al inicio con sus sabias aportaciones.

Gracias a Raúl Ortiz (@raulortiz), por los emoticonos, a Luis Malibrán (@luismalibran), por conseguir sacarme guapo en la portada, y a Noelia Atance (@ noelia_atance), por su apoyo incondicional.

Gracias también a los que habéis hecho aportaciones al libro, ya sea en forma de prólogos, citas, opiniones, anécdotas, críticas, etc. Estas páginas tienen verdadero valor en la medida en que vosotros estáis en ellas.

Por último, gracias a ti, lector, lectora, porque tu presencia aquí hace que todo tenga sentido. Mi deseo de llegar a ti me ha llevado a escribir este libro y a vivir una aventura maravillosa. Han pasado cosas increíbles durante el proceso. He conocido a personas extraordinarias que se han incorporado para siempre a mi red de afecto, que me han ayudado a conocerme mejor y que me han permitido transmitirte fielmente lo que quería transmitirte. Muchas se han hecho amigas entre ellas y han empezado a colaborar en nuevos proyectos, desde empresas a libros, pasando por aplicaciones, canciones, fundaciones, etc. Y se han dado numerosas «causalidades» que seguro fructificarán en breve. Todo esto es la prueba real y tangible de que lo que te cuento aquí funciona. Sólo por eso, ha valido la pena el esfuerzo de sacar el libro adelante.

Cuando te digo que el bien atrae el bien es porque lo experimento a diario, y cuando te aconsejo que te abras a los demás y que conectes al máximo número de personas entre sí para que pasen cosas buenas es porque sé que será beneficioso para ti y para tu *networking*, personal y profesional, porque en realidad no hay barreras entre ambos, como he tratado de transmitirte a lo largo del libro. ¡Rodearte de personas maravillosas hará que sucedan cosas maravillosas! Ésta es la mejor manera de hacer *networking*.

Espero, de corazón, que este libro te sea útil. Gracias por tu atención. Te envío desde aquí un abrazo que espero poder darte en persona pronto.

Si lo deseas, seguimos en contacto a través de la web **www.cipriquintas.com**.

PERLAS DE SABIDURÍA

Y para acabar, aquí os dejo con la sabiduría que nos regalan, a modo de legado, algunos amigos míos. Como suele decirse, no están todos los que son (por cuestión de espacio y tiempo) pero son todos los que están. Les agradezco su generosidad. Al fin y al cabo, soy la suma de todos ellos.

> «Una de las mejores estrategias para que tu proyecto vital y profesional progrese es hacer todos los favores posibles. Sentirás que navegas con el viento a favor.»
>
> VÍCTOR ALFARO SANTAFÉ,
> director general y fundador de Podoactiva.

«En esta era de la inteligencia colectiva, la generosidad y la colaboración son dos valores fundamentales para construir un nuevo capital social.»

JOAQUÍN ÁLVAREZ DE TOLEDO,
director general de Editoriales Especializadas
y Nuevos Negocios del Grupo Planeta.

«El periodismo y la amistad tienen dos principios básicos. Uno: no te diré lo que quieres oír, sino lo que necesitas saber. Y dos: todo lo que no das, lo pierdes.»

JOSÉ ANTONIO ÁLVAREZ GUNDÍN,
periodista y sociólogo.

«Escuchar y dar sin esperar nada a cambio son los principios del *networking* efectivo, sólido y que crea valor auténtico. Si le añadimos la amistad, entonces se convierte en una fuerza transformadora.»

FERNANDO AMENEDO,
vicepresidente de Relaciones Institucionales
y Comunicación de Coca-Cola European Partners.

«Igual que las interacciones neuronales configuran el cerebro, las redes interpersonales impulsan las sociedades inteligentes.»

INÉS ANTÓN, investigadora
del Centro Nacional de Biotecnología del CSIC.

«Pide favores. Pequeños y fáciles de hacer para la otra persona. Cada favor realizado tiende un puente de ida y vuelta entre ambos.»

Yago Arbeloa,
presidente de Hello Media Group.

«Hacer negocios es también ser generoso y pasarlo bien. Para eso no hay nada mejor que juntarse con gente a la que respetes y con la que te lo pases bien.»

Iñaki Arrola,
fundador de coches.com.

«Todo está en nuestro interior. Mientas no construyamos de una forma positiva y armónica en nuestro interior, no lo podremos proyectar al exterior, pues lo que trabajamos dentro es lo que proyectamos fuera.»

Jessica Asensio,
consejera del Grupo Zeta.

«Todo lo que sé me lo han enseñado las personas. Me encanta escucharlas. A veces me enriquece mucho más que escuchar a Dios.»

Antonio Ayala,
fundador de Everyoneplus.

«Amigos, contactos, relaciones. Gracias a su generosidad y a nuestra honestidad intelectual podremos cumplir nuestros sueños.»

Carlos Baute, cantante.

«¿Cuántas veces nos han vendido que la debilidad está en la bondad? No lo dudes, serás más fuerte cuando te sientas apoyado por todos aquellos a los que un día hiciste felices.»

Águeda de Burgos,
creadora de Proyectos con Duende.

«El éxito tiene que ver con tener amigos más listos que tú, enemigos que te respeten y alguien que necesite tu ayuda, y si los amas mejor.»

Ramón Cabezas, CEO y fundador
de KAPS Management Group.

«Tu verdadero amigo es aquel que nunca te preguntará por qué. Simplemente lo hará porque tú lo dices, porque sabe que no le decepcionarás.»

Juan Cantón Molina,
director gerente de AS.

«La comunicación humana es compartir. La voz despierta los sentidos de la mente; entra y agita la imaginación. La palabra es, puramente, contacto.»

Paco Casas, locutor de publicidad.

«Estoy dispuesto a equivocarme, y si me equivoco, dispuesto a reconocerlo. Pero si no hago nada, puedo estar seguro de que me estoy equivocando.»

PEPE CASTRO,
fotógrafo.

«No he conocido a nadie que no sirva para nada ni a alguien que valga para todo.»

SANDRA CASTRO LEÓN,
responsable corporativa
de *contact center* y clientes clave
del Grupo Vithas Sanidad.

«En el mundo global, la inmediatez es vital. Saber a quién llamar para cada problema multiplica tus capacidades. Es lo que llamo el Banco de Amigos, imprescindible para triunfar.»

RAFA CECILIO, presidente de Dreamfit.

«¡Antes tenía amigos con los que hacía negocios y ahora los negocios me proporcionan amigos! La actitud es lo que importa.»

DAVID CHOCRÓN,
CEO de Virensis, S. A.

«Las sociedades serían más libres y felices si la sinceridad se convirtiera en un modo de vida.»

JESÚS CINTORA, periodista.

«Busca siempre tu felicidad. No es egoísmo: sólo si eres feliz harás feliz a la gente que quieres.»

JUAN JOSÉ DÍAZ,
socio consejero de Boomerang TV.

«La inteligencia y la bondad, como dice Cervantes, aseguran el éxito profesional.»

LORENZO DÍAZ,
escritor y sociólogo.

«¡A por un *networking* revolucionario! Una poderosa red de seres despiertos y verdaderos, unidos en una acción invencible e imparable por el bienestar común.»

MIRIAM DÍAZ AROCA,
periodista, actriz y emprendedora.

«Cuando el objetivo es hacer el bien a la sociedad, el *networking* es el motor que permite hacer un mundo mejor y más humano.»

JOSÉ CARLOS DÍEZ,
economista, profesor y escritor.

«La amistad hace más próximos los sueños, más viables los deseos; te atreves más, ¡eres más! Creces. Te propones, te dispones, te entregas, te das.»

Sonia Díez,
Super-Viviente.

«El *networking* es una herramienta que te enriquece de todas las maneras posibles, en el bolsillo y en el espíritu. Gana más quién da más y espera menos.»

Oswaldo D'León,
presidente de la junta directiva
de DAPIN C.A.

«Amistad, generosidad, cariño, respeto... Procura que sean algo más que palabras.»

Pepe Domingo Castaño, periodista.

«A menudo se llama carácter a lo que sólo es burda agresividad. No conviene confundirse. Sólo las buenas personas son buenas profesionales.»

Alejandro Dueñas, periodista.

«A mí me duele el teatro y a partir de él me duele España. Al teatro se viene a temblar.»

Juan Echanove, actor.

«Solo no puedes, con amigos sí.»

Sergio Fernández
el Monaguillo,
cómico.

«Cuando estás solo, necesitas un prójimo que te lo diga.»

Juan Fernández-Aceytuno,
consejero delegado de ST
Sociedad de Tasación.

«Podría decir que ayudar a alguien es más un acto egoísta que generoso, porque la satisfacción que me aporta ayudar a otra persona, ya sea laboral, empresarial o personalmente, supera con creces el favor ofrecido.»

Raquel Ferri Cornejo,
consejera ejecutiva de Visionlab.

«Esta época requiere gente con una mente global, una actitud positiva y un firme compromiso con causas solidarias. Ponte a ello y verás qué fácil es y cuánta felicidad auténtica te genera. Ni lo dudes.»

Antonio Garrigues Walker,
abogado y escritor.

«El cultivo de la confianza engendra la amistad.»

José María Gasalla,
conferenciante, escritor
y profesor.

«Mi tipo de *networking* es al natural, como los berberechos. No voy de farol ni a ganar, sólo a aprender y a dejarme sorprender.»

Clemen Gómez de Zamora,
consejero del Grupo Ogoza.

«No dejes que el pasado ni el futuro sean tu presente. ¡Vívelo!»

Goyo González, periodista
y presentador de radio
y televisión.

«Los latinos lo tuvieron claro: "La constancia de una ola vale más que la fuerza de una sola". Con esfuerzo, rigor y apoyo mutuo, todo es posible.»

Santiago González Suárez,
director de informativos
de Antena 3.

«No hay networking, sólo amigos. Y hay que mantenerlos o desaparecen con el tiempo.»

Francesc Guardans,
editor y gestor cultural.

«Se puede conseguir gente que te admire con una buena campaña de *marketing,* pero sólo con mucha generosidad se puede conseguir que te aprecien.»

María Luisa Gutiérrez,
directora general de Bowfinger Int.
Pictures y Amiguetes Enterprises S. A.

«La vida hay que vivirla en equipo. Estamos todos interconectados en un mundo en continuo movimiento. Si se para, hazlo girar tú. Porque si te mueves tú, el mundo se mueve contigo.»

Gema Hassen-Bey,
deportista de élite y periodista.

«Amistad, amor y generosidad: tres valores en los que nunca tendremos que competir con los robots.»

Marie Hélène Schneider,
exdirectora general
de L'Oréal y Moët.

«Que tu felicidad dependa de hacer felices a los demás. Por lo tanto, tienes que hacer todo lo posible por hacer felices a los que te rodean.»

Carlos Henry,
cantante y empresario.

«Si en tu vida das sin mirar, por el camino recibirás sin saber de dónde. Y ese círculo crecerá siempre. Parece magia, pero es justicia poética.»

Pablo Herreros,
periodista y escritor.

«El *networking* también necesita artistas y *savoir faire*. Hacerlo con elegancia, pasión y desinterés es una ciencia al alcance de pocos.»

Huecco, cantante,
compositor y productor.

«"Por favor" y una sonrisa son los elementos que abren cualquier puerta. A partir de ahí, sólo la pasión y la constancia garantizan el éxito. La generosidad y la amistad completan el viaje para el que hemos venido a este mundo. Pero nada es un regalo. Tenlo siempre presente»

José María Íñigo,
periodista y escritor.

«El darte a los demás tiene "retorno" siempre, es la mejor "inversión" para crecer como persona y ayuda a crecer a los demás.»

José María Irisarri,
presidente de Onza.

«Me paso horas y horas retocando y cuidando mis cuadros para que puedan llegar a ser PERFECTOS. En la relación con mis AMIGOS hago lo mismo.»

Víctor Jerez,
pintor y artista.

«La innovación es la capacidad de colaborar y cooperar entre personas distintas, y eso es imposible sin confianza. El *networking* es lo que permite que desconocidos comiencen a colaborar gracias a un nexo que genere confianza: un amigo común.»

Íñigo Juantegui,
cofundador y CEO de OnTruck.

«Trato de usar en mi vida una máxima que es vital en el mar: concéntrate en cuidar de los demás, que alguien cuidará de ti. Sorprendentemente ocurre cuando te rodeas de buena gente.»

Pablo Juantegui,
consejero delegado de Telepizza.

«Cuando te nace ayudar a alguien, todo fluye y es bonito. Cuando esa persona eche la vista atrás, no olvidará quién estuvo a su lado sin esperar nada a cambio.»

Irene Junquera, periodista
y presentadora de televisión.

«A través de la música se puede despertar esa parte del otro que es capaz de mover el universo, ésa que nos hace conectarnos sin palabras y destruir nuestros fantasmas.»

Pilar Jurado,
soprano, compositora
y directora de orquesta.

«El *networking* es la palanca que nos impulsa hacia el futuro. Nada es posible sin ello. Los amigos son los hermanos nacidos de distintas madres que dan luz a nuestras vidas.»

Jorge Larregina,
director de operaciones de Bcysa.

«La colaboración, incrustada en nuestro ADN y basada en la confianza, consigue sueños y abre fronteras hacia un mundo mejor. El *networking* es y será clave.»

Ana María Llopis,
presidenta de Supermercados DIA.

«La amistad es sentir profundamente la necesidad de ayudar y servir sin que te lo pidan.»

Juan Luis Martín,
experto e investigador
en readaptación funcional
y deportiva.

«La mejor herramienta para generar relaciones de confianza y buena energía es vivir con una sonrisa permanente y sincera en la cara.»

Carlota Mateos,
fundadora y CEO de Rusticae.

«En el trabajo compártelo todo, no te quedes nada. Si tu éxito como trabajador es saberte la clave de la fotocopiadora o del wifi, poco vales.»

Alfredo Menéndez Álvarez,
periodista.

«Entender o no a las personas es una consecuencia de nuestras vivencias, pero respetarlas es una elección. Ésta es la base de cualquier relación, amistad, pareja, sociedad, *networking*, etcétera.»

Joan Mesquida, exdirector
de la Policía Nacional y de la Guardia Civil.

«Cada día es una ola para surfear tú solo, pero cuando pienso en los mejores baños siempre hay amigos. Quizás no estemos tan solos; tienes una vida, surféala bien.»

Román Mosteiro,
empresario y aventurero.

«Los grandes remedios frente a la ignorancia, el fanatismo y la vanidad son el amor y la benevolencia. Aprovecha cada oportunidad para practicarlos.»

Antonio Moulet,
expresidente de NEC España.

«Parece indiscutible que el *networking* es clave para triunfar en los distintos ámbitos de la vida: relaciones personales, negocios, búsqueda de empleo, etc. Pero lo realmente clave es tener un método para desarrollar el *networking* y mantenerlo con personas de confianza.»

Eduardo Navarro,
presidente ejecutivo de Sherpa Capital.

«Lo importante es dejar huellas, no cicatrices.»

Ana Obregón,
actriz y presentadora.

«Porque has estado conmigo cuando te he necesitado; porque has llorado conmigo cuando he sufrido; porque me has aceptado cuando lo creíste oportuno... Todo eso, mi querido amigo, es la verdadera amistad.»

Pepe Oneto,
periodista y escritor.

«Cada día estoy más convencido de que la gratitud es la gran desconocida, aunque para muchos de nosotros es el ingrediente más importante de esta vida tan efímera.»

Raúl Ortiz,
fundador de DM Dima.

«La amistad es generosidad en estado puro, la clave más importante para ser feliz y la fórmula más potente para cambiar el mundo.»

Margarita Pérez de Zabalza,
directora de Marketing
y Comunicación de
Iberia&Latam ADECCO.

«Si no consigues tu objetivo, no culpes a nadie. Busca en qué has errado y vuelve a intentarlo.»

Juan Carlos Recio,
abogado.

«No me des consejos, dame contactos. Ésta fue la frase que aprendí al llegar a este mundo de las influencias. Aunque yo prefiero que me des un abrazo y ya haremos negocios en otras vidas.»

Ángel Rielo,
feliciólogo.

«Cuando te despojas de tanta capa, cuando estás ante ti mismo, sólo encuentras tus miedos y tus afectos. Combate tus miedos y cuida tus afectos.»

Félix Rivas,
exdirector general
del Área de Compras
de Acciona.

«Revélate ante lo que se supone que debe ser tu destino. Te puedes arrepentir de todo menos de haberlo intentado. Y que nadie te diga que no puedes.»

Carlos Rivera,
cantante.

«Conectar mentes y corazones es un hábito que hay que practicar a diario, porque cuando no forma parte de ti es como la vida misma, no fluye.»

Antonio Ruiz,
director Fundación 59 minutos.

«El emprendedor tiene en el *networking* el aliado perfecto. Pero, como en todas las relaciones, es importante no sólo pedir, también hay que ofrecer.»

Carlos Saavedra,
fundador de Trison Worldwide.

«En un nuevo mundo donde las empresas buscarán *versatile learning animals*, el *networking* personal será más necesario que nunca para trabajar de forma colaborativa con buenas personas que mejoren los productos y servicios.»

Raúl Sánchez,
fundador de Knowmads.

«El *networking* más eficaz es el que practican aquellos que con generosidad buscan la felicidad en el intercambio personal y profesional de la amistad.»

Víctor Santos García,
director general de Beer&Food.

«El nuevo *NETworking* significa Navegar En Transatlántico (NET): un transatlántico capaz de atravesar mares y océanos, hecho de un material especial, inquebrantable, confortable, seguro y lleno de amigos. Una travesía llena de emociones y sensaciones únicas.»

Virginia Serrano,
abogada y empresaria.

«El *networking* más gratificante es el que parte del corazón. Conectar con los demás desde el poder de la generosidad abre puertas mágicas, crea realidades infinitas y nos llena de dicha y prosperidad.»

Cristina Serrato,
life&communication trainer, periodista y actriz.

«Científicamente demostrado: la generosidad y la solidaridad aumentan los niveles de endorfinas, que contribuyen a que seas más feliz. ¡Encuentra tu buena causa!»

Carmen Simón,
científica de Biología Molecular
y Virología del CSIC.

«Si tienes una amistad que ha perdurado a lo largo de los años, no esperes a mañana, hazle hoy un regalo. Ve y dale las gracias, harás el mejor presente.»

Javier Sirvent,
conferenciante,
experto en tecnología.

«Creo firmemente en el esfuerzo colectivo, en la tenacidad generosa del trabajo en equipo. Los problemas parecen menores, las soluciones aparecen a borbotones y la satisfacción que reporta el objetivo conseguido es inmensamente mayor. En el trabajo, como en la vida, compartir te hace feliz. Y se trata de eso, ¡de ser feliz!»

Carlos Sobera, actor,
presentador de televisión
y empresario.

«Creo en la tolerancia y en la solidaridad como los dos pilares principales para la sostenibilidad del futuro de la humanidad.»

Manu Tenorio, cantante.

«Un amigo DE VERDAD es aquel que si le llamas por teléfono a las 3 de la mañana se está vistiendo antes de que le digas que necesitas verle.»

Miguel Ángel Tobías,
productor y director de cine,
documentales y programas
de televisión.

«La grandeza de alguien no se mide por las lágrimas derramadas en su funeral, sino por las sonrisas provocadas en sus celebraciones de vida.»

RUBÉN TURIENZO ORTIZ,
experto en motivación
de equipos y *change*
management.

«Todas las relaciones entre personas son importantes, sin excepción. Todas y cada una de ellas son una lección de madurez y un escalón más en este recorrido denominado vida.»

VÍCTOR ULLATE,
bailarín y coreógrafo.

«El *networking* debería ser una asignatura de primaria. Si no tienes ese talento, que te formen en esa habilidad.»

MARC VIDAL,
speaker.

«El liderazgo auténtico siempre es humilde. Lo contrario no es liderazgo, sino narcisismo.»

TERESA VIEJO,
periodista y escritora.

«La amistad es un lujo que hay que cuidar con esmero. Un regalo que nos hace la vida.»

Rosa Villacastín,
periodista y escritora.

«Hemos defraudado el sentido íntimo de conceptos como amistad o generosidad. Pero aún hay personas que con su ejemplo desvelan su valor.»

Ignacio Vinuesa,
alcalde de Alcobendas.

«La importancia de las personas es máxima: la buena comunicación, la interacción, el cariño y la amabilidad, la generosidad y la dádiva, el respeto y la dignidad.»

Los Vivancos.

«A mis amig@s: no puedo tocaros, pero os siento, no puedo escucharos, pero os vivo, y en las noches nubladas me lamento porque no os veo, porque voy y vengo, voy y vengo, pero siempre sé que os tengo.»

Jesús Yanes,
coach, escritor y productor.